황벽어록

김태완 역주

황벽희운 지음
하동배휴 편집

침묵의 향기

머리말

황벽 선사가 말했다.

"모든 부처와 모든 중생이 오로지 한 개 마음이고, 다시 다른 법은 없다.

이 마음은 애초부터 생겨난 적이 없고 사라진 적이 없으며, 푸른색도 아니고 누른색도 아니며, 모습도 없고 모양도 없으며, 있는 것도 아니고 없는 것도 아니며, 새롭지도 않고 낡지도 않으며, 길지도 않고 짧지도 않으며, 크지도 않고 작지도 않으며, 모든 한계와 이름과 흔적과 상대(相對)를 벗어났다.

지금 이대로가 곧장 이것이니 생각을 움직이면 어긋난다.

마치 허공과 같아서 테두리가 없으니 헤아릴 수 없다."

생각할 수도 없고 헤아릴 수도 없다면, 이 마음을 어떻게 깨닫고 어떻게 알 수 있을까?

벚꽃이 바람에 날리니 눈송이가 날리는 것 같구나.

아직도 캄캄하다면, 황벽의 이야기를 잘 살펴보라.

2013년 8월 15일
해운대 무심선원에서
김태완 합장

::일러두기

1. 문헌과 판본 소개

(1) 문헌 소개

『전심법요』와『완릉록』은 중국 조사선 마조계의 황벽희운 선사의 가르침을 기록한 것이다. 보통의 선어록(禪語錄)이 짤막한 대화나 간단한 법어(法語)를 싣고 있는 반면에 『전심법요』와『완릉록』은 상당히 체계적이고 긴 대화와 상세한 법어를 싣고 있는 것이 특징이다. 이것은 아마도 유학자(儒學者)인 배휴가 기록하였기 때문이라고 여겨지지만, 그럼에도 불구하고 육조혜능(六祖慧能)에게서 비롯되고 마조도일(馬祖道一)과 백장회해(百丈懷海)에게서 확립된 조사선(祖師禪)의 가르침을 매우 자세하고 분명하게 전하고 있기 때문에 후대에 조사선의 발전에 크게 기여한 어록이다.

『전심법요』는 배휴가 842년과 848년 2회에 걸쳐 황벽에게 법을 물어서 그 가르침을 기록한 것으로서, 856년에 배휴의 서문이 씌어진 것으로 보아 이때 완성되었다고 보인다. 『완릉록』은 완릉(宛陵)에서 배휴가 묻고 황벽이 답한 것을 다른 사람이 기록한 것이라고 하지만 완성된 것이 언제인지는 알 수 없다.

뒷날 임제종(臨濟宗) 황룡파(黃龍派)의 황룡혜남(黃龍慧南; 1002-1069)이 1066년경에 중국 조사선의 황금시대를 누렸던 마조(馬祖)·백장(百丈)·황벽(黃檗)·임제(臨濟) 4명 선사(禪師)의 어록을 모아 『사가어록(四家語錄)』을 간행하여 임제종의 종지(宗旨)를 전하는 전거(典據)로 삼았는데, 『전심법요』와 『완릉록』 역시 그 속에 포함되었다. 이로써 보더라도 『전심법요』와 『완릉록』이 조사선의 종지를 잘 전하고 있는 어록임을 알 수 있다.

(2) 판본 소개

여기 번역에 사용한 판본은 『대일본속장경』 제119권에 실린 『사가어록(四家語錄)』 전5권 가운데 제4권 『균주황벽산단제선사전심법요(筠州黃檗山斷際禪師傳心法要)』와 제5권 『황벽단제선사완릉록(黃檗斷際禪師宛陵錄)』이다. 다른 판본과 이 판본의 차이점을 말하면, 이 판본의 『완릉록』 부분에는 다른 판본에는 없는 내용이 많이 들어 있다는 점이다. 기타 판본으로는 1908년 범어사(梵魚寺)에서 간행한 『선문촬요(禪門撮要)』에 포함된 『전심법요』와 『완릉록』 및 『대정신수대장경』 제48권에 실린 『전심법요』와 『완릉록』이 있다.

2. 관련 인물 소개

(1) 설법자 황벽희운(黃檗希運)

?-856년경. 남악(南嶽)의 문하. 민현(閩縣; 복건성(福建省) 복주(福州)) 사람이다. 복주(福州)의 황벽산(黃檗山)에서 출가하였다. 그 후 천태(天台)를 여행하다가 다시 백장산(百丈山; 강서성(江西省)) 회해(懷海)의 제자가 되어 그의 현지(玄旨)를 얻었다. 대안사(大安寺)에서 주석할 때 그 회하(會下)에 많은 제자들이 모였다. 또 상국(相國) 배휴(裵休)의 청에 응하여 종릉(鍾陵; 강서성(江西省))에 가서 옛 산을 그리워하여 황벽산의 이름을 따서 개조(開祖)하였다. 그 후 회창 2년(842)에 용흥사(龍興寺)로 옮기고, 대중 2년(848)부터 완릉(宛陵; 안휘성(安徽省))의 개원사(開元寺)에 주석하였다. 대중 10년(856)경에 입적하였다. 제자로는 중국 임제종(臨濟宗)의 시조인 임제의현(臨濟義玄)이 있다. 배휴가 집록한 법어집인 『전심법요(傳心法要)』가 있는데, 선가(禪家)의 '심(心)'에 대하여 자세하게 설명하고 있다. 단제선사(斷際禪師)라는 시호를 받았다.

(2) 기록자 하동배휴(河東裵休)

797-870. 하동(河東; 山西省)의 문희(聞喜) 사람(『당서(唐書)』에는 맹주(孟州)의 제원(濟源) 사람으로 되어 있음). 자(字)는 미(美). 하동대사(河東大士)라고도 한다. 당(唐)의 관리(官吏)이지만 거사

(居士)로서 규봉종밀(圭峰宗密)에게 나아가 화엄(華嚴)을 배우고, 황벽희운(黃檗希運)을 임지(任地)의 용흥사(龍興寺)와 개원사(開元寺)로 초빙하여 조석(朝夕)으로 법(法)을 물었다. 그리하여 선(禪)과 교(敎)에 두루 통했다. 『권발보리심(勸發菩提心)』을 저술했고, 황벽(黃檗)의 설법집인 『전심법요(傳心法要)』를 편집했으며, 또 규봉(窺峰)의 여러 찬저(撰著)에 서문을 썼다. 벼슬은 병부시랑(兵部侍郎), 중서문하장사(中書門下章事), 선무군절도사(宣武軍節度使)가 되어, 소의(昭義)·하동(河東)·봉상(鳳翔)·형남(荊南) 등지를 역임(歷任)했다. 함통(咸通) 11년에 74세로 죽었다.

3. 번역 소개

이 번역은 무심선원(無心禪院) 부산 해운대 선원에서 2011년 1월부터 2013년 6월까지 매주 수요일 저녁에 진행된 법회에서 교재로 사용하기 위하여 매주 조금씩 번역된 것이다. 번역하고서 법회에서 교재로 사용하면서 다시 번역을 다듬을 시간을 가졌으므로 번역의 완성도가 높다는 것이 이 책의 장점이라고 할 것이다. 또 비록 법회의 교재로 번역되었지만 일반 독자를 위하여 상세한 주석을 달아서 이해를 도왔다.

| 목차 |

전심법요(傳心法要)

배휴의 서문 ... 15
1. 첫 번째 법문 ... 20
2. 두 번째 법문 ... 50
3. 세 번째 법문 ... 57
4. 질문과 답 ... 68
5. 상당설법 ... 87
6. 질문과 답 ... 89
7. 질문과 답 ... 97

완릉록(宛陵錄)

1. 도를 얻은 자 ... 105
2. 부처 ... 106
3. 무심 ... 108
4. 육도만행 ... 110

5. 중생 제도 ... 117
6. 불성 ... 122
7. 무변신보살 ... 123
8. 무승역무법 ... 131
9. 부처 ... 134
10. 본래부처 ... 143
11. 자비 ... 145
12. 정진 ... 147
13. 무심행 ... 149
14. 출삼계 ... 150
15. 상당설법 ... 151
16. 뱃사공과 함께 ... 167
17. 귀종의 일미선 ... 169
18. 사미를 때리다 ... 172
19. 언제 불도를 행했나 ... 174
20. 삿갓 속의 세계 ... 176
21. 황벽의 견처 ... 177
22. 나물 다듬기 ... 181
23. 좋은 사냥개 ... 182
24. 배휴와의 인연 ... 185
25. 선사가 없다 ... 187
26. 불상의 이름 ... 189

27. 배휴의 시	... 190
28. 설법	... 193
29. 양의 뿔	... 211
30. 가섭	... 213
31. 문수의 칼	... 215
32. 견성	... 219
33. 본성	... 224
34. 한 물건도 없다	... 227
35. 불이법문	... 231
36. 깨달음 속에 숨다	... 233
37. 인욕선인	... 237
38. 연등불의 수기	... 240
39. 불료의교	... 242
40. 조사의 마음	... 244
41. 부처의 사리	... 246
42. 전해 줄 법은 없다	... 249
43. 무명(無明)	... 251
44. 무명의 참 본성	... 253
45. 계급에 떨어지지 않음	... 257

전심법요(傳心法要)

균주황벽산단제선사전심법요
(筠州黃檗山斷際禪師傳心法要)

『사가어록(四家語錄)』 제4권

배휴의 서문

당(唐) 하동(河東) 배휴(裵休)가 모으고 서문(序文)을 씀

    대선사(大禪師)가 계시니 법휘(法諱)[1]는 희운(希運)이시며, 홍주(洪州)[2] 고안현(高安縣) 황벽산(黃檗山) 취봉(鷲峰) 아래에 머무셨다.

    조계(曹溪) 육조(六祖)의 적손(嫡孫)이시며, 서당(西堂)[3]과 백장

---

1) 법휘(法諱) : 출가하여 계(戒)를 받은 뒤에 받는 이름. 계명(戒名). 법명(法名)을 높여서 일컫는 말.
2) 홍주(洪州) : 강서성(江西省) 남창현(南昌縣)의 통칭. 북쪽으로는 파양호(鄱陽湖)를 거쳐 양자강(揚子江)이 있고, 남쪽으로는 대유령(大庾嶺)을 거쳐 광동성(廣東省)에 이른다. 마조도일(馬祖道一)이 머물렀던 개원사(開元寺)를 비롯하여, 석문산(石門山) 보봉사(寶峰寺), 백장회해(百丈懷海)가 머물렀던 백장산(百丈山) 대지수성사(大智壽聖寺), 황룡혜남(黃龍慧南)이 머물렀던 황룡산(黃龍山) 숭은사(崇恩寺) 등의 명찰(名刹)들이 있다.
3) 서당(西堂) : 서당지장(西堂智藏). 735-814. 당대(唐代) 선승. 서당(西堂)의 머물렀던 곳의 지명. 속성은 요(廖)씨. 마조도일(馬祖道一)의 문하에서 공부하여 마조의 법을 이었다. 건주(虔州)의 서당(西堂)에 머물면서 마조의 종풍(宗風)을 널리

(百丈)⁴⁾의 법질(法姪)⁵⁾이시다.⁶⁾

최상승(最上乘)의 문자를 떠난 도장을 홀로 지니고서 일심(一心)만을 오로지 전했을 뿐, 다시 다른 법은 없으셨다.

마음의 본바탕도 공(空)이고 온갖 인연들이 모두 고요하여 마치 커다란 태양이 허공에 떠올라 밝은 빛이 밝게 비춤에 깨끗하여 티끌먼지가 없는 것과 같으셨다.

깨달은 자에게는 새롭고 낡음이 없고 얕고 깊음이 없으며, 말하

선양하였다. 시호는 대각선사(大覺禪師).
4) 백장(百丈) : 백장회해(百丈懷海). 749-814. 복주(福州; 福建省) 장락(長樂) 사람이다. 성은 왕(王)씨이며, 대지(大智)·각조(覺照)·홍종묘행(弘宗妙行) 등의 시호가 있으며, 일반적으로는 '백장선사'로 불린다. 20세에 서산혜조(西山慧照)에게 출가하였고, 남악(南岳)의 법조(法朝) 율사에게서 구족계를 받았다. 여강(廬江; 安徽省)에서 대장경을 열람하였고, 마조도일에게 참학하여 인가를 받았다. 그 후 회해에게 귀의한 사방의 승려와 속인들이 상의하여 홍주(洪州; 江西省) 봉신현(奉新縣)의 대웅산(大雄山)에 사찰을 건립하였다. 백장산(百丈山) 대지수성선사(大智壽聖禪寺)에서 회해는 개조가 되었고, 여기에서 선풍을 크게 고취시켰다. 그의 저서『백장청규(百丈淸規)』는 서문만 전하고 있지만, 그가 선림의 청규를 개창하였음은 중국 선종사상사에서 엄연한 일이다. 그로부터 선은 중국의 풍토와 생활에 알맞는 것이 되었다. 위산영우(潙山靈祐), 황벽희운(黃檗希運) 등 수많은 제자들을 배출하였다. 당(唐) 원화(元和) 9년에 입적하였으니, 세수 66이었다.
5) 법질(法姪) : 형제(兄弟)의 제자(弟子).
6) 『조당집(祖堂集)』,『경덕전등록(景德傳燈錄)』,『오등회원(五燈會元)』등의 전등서(傳燈書)에서는 모두 황벽희운이 백장회해(百丈懷海)의 법을 이은 법사(法嗣)라고 되어 있는데, 여기에서 배휴는 황벽이 백장의 법질(法姪)이라고 한다. 그렇다면 배휴는 황벽이 남전보원(南泉普願)의 제자라고 하는지 알 수 없는 일이다.

는 자는 뜻을 세우지 않고 종주(宗主)⁷⁾를 세우지⁸⁾ 않고 문호(門戶)를 세우지 않는다.

그 자리에서 곧장 이럴 뿐, 생각을 움직이면 어긋나니, 이러한 연후에 본래 부처가 된다.

그러므로 그 말은 간결하고, 그 이치는 올곧으며, 그 깨달음은 높고, 그 행동은 외롭다.

사방의 배우는 무리들이 대선사가 계신 산을 바라보고 좇아와, 대선사의 모습을 보고서 깨달았으며, 오고 가는 스님의 무리⁹⁾가 늘 천여(千餘) 명이나 되었다.

나는 회창(會昌)¹⁰⁾ 2년(842년)에 종릉(鐘陵)¹¹⁾을 염방(廉訪)¹²⁾하다가 대선사를 산에서 마을로 모시고 와 용흥사(龍興寺)에 쉬시게 하고는 아침저녁으로 도(道)¹³⁾를 물었다.

---

7) 종주(宗主) : 근본이 되고 주인이 되는 것.
8) 개호유(開戶牖) : 문을 열다. 문호(門戶)를 세우다.
9) 해중(海衆) : =승중(僧衆), 대중(大衆).
10) 회창(會昌) : 당(唐) 15대 임금 무종(武宗)의 연호. 841년에서 846년까지다.
11) 종릉(鐘陵) : 강서성(江西省)에 있는 지명. 종릉의 개원사(開元寺)에 마조도일(馬祖道一)이 머물렀다.
12) 염방(廉訪) : ①가서 조사하다. ②송대(宋代)의 염방사(廉訪使), 원대(元代)의 숙정염방사(肅政廉訪使), 명청대(明淸代)의 안찰사(按察使)를 통틀어 이르는 말. 모두 감찰(監察)의 업무를 보았던 관직이다.
13) 도(道) : ①깨달음. 보리(菩提). 범어 bodhi의 번역. ②깨달음의 길. 팔정도(八正道). 도제(道諦). mārga의 번역.

대중(大中)[14] 2년(848년)에 완릉(宛陵)[15]을 염방하면서 다시 가서 예를 올리고 관할(管轄)하고 있는 곳[16]으로 모시고 와 개원사(開元寺)[17]에 머무시게 하고 아침저녁으로 가르침을 듣고서 물러나 그것을 기록하였는데, 열 마디를 들으면 겨우 한두 마디를 알아들었지만 그것을 심인(心印)[18]으로 삼아 지니고 함부로 말하지는[19] 않았다.

이제 뛰어나고[20] 아름다운 뜻이 미래에 알려지지 않을까 염려하여 드디어 꺼내어 문하(門下)의 태주법건(太舟法建) 스님에게 주어 옛날 머무셨던 산의 광당사(廣唐寺)로 돌려보내어, 장로(長老)와 대중들에게 예전에 직접 늘 들었던 말씀과 어떻게 같고 다른지를 묻고자 한다.

당(唐) 대중(大中) 11년(856년) 10월 8일 서(序)함.

---

14) 대중(大中) : 당(唐) 16대 임금 선종(宣宗)의 연호. 847년에서 859년까지다.
15) 완릉(宛陵) : 안휘성(安徽省) 동남부에 위치한 도시로서 양자강(揚子江) 남안(南岸) 구릉지대에 위치하고 있음. 휘주(徽州)에서 항주(杭州)에 이르는 교통의 요지. 배휴(裵休)가 황벽희운을 모시고 가르침을 받은 경덕사(景德寺)가 있음. 대혜종고(大慧宗杲)가 출생하고 출가한 곳이기도 함.
16) 소부(所部) : ①관할(管轄)하고 있는 곳. ②거느린 부대. 통솔하고 있는 부대.
17) 개원사(開元寺) : 당(唐) 현종(玄宗) 개원(開元) 26년(738년)에 각 주(州)에 하나씩 건립한 관사(官寺).
18) 심인(心印) : 또는 불심인(佛心印). 심(心)은 불심(佛心), 인(印)은 인가(印可)·인증(印證)이란 숙어로서 확증하는 뜻이 있음. 이는 언어·문자로써 표현할 수 없는 부처님 자내증(自內證)의 심지(心地).
19) 발양(發揚) : ①드러내어 밝힘. ②생각이나 도리를 충분히 표현함.
20) 입신(入神) : ①마음을 뺏기다. 넋을 잃다. 정신이 팔리다. 골똘하다. ②(신의 경지에 이를 만큼) 절묘하다. 매우 뛰어나다.

筠州黃檗山斷際禪師傳心法要卷四
唐河東裴休集并序

有大禪師, 法諱希運, 住洪州高安縣黃檗山鷲峰下. 乃曹溪六祖之嫡孫, 西堂百丈之法姪. 獨佩最上乘離文字之印, 唯傳一心, 更無別法. 心體亦空, 萬緣俱寂, 如大日輪, 昇虛空中, 光明照耀, 淨無纖埃. 證之者無新舊, 無淺深, 說之者不立義解, 不立宗主, 不開戶牖. 直下便是, 運念卽乖, 然後爲本佛. 故其言簡, 其理直, 其道峻, 其行孤. 四方學徒, 望山而趨, 睹相而悟, 往來海衆, 常千餘人. 子會昌二年, 廉于鐘陵, 自山迎至州, 憩龍興寺, 旦夕問道. 大中二年, 廉于宛陵, 復去禮迎至所部, 安居開元寺, 旦夕受法, 退而紀之, 十得一二, 佩爲心印, 不敢發揚. 今恐入神精義不聞於未來, 遂出之, 授門下僧太舟法建, 歸舊山之廣唐寺, 問長老法衆, 與往日常所親聞, 同異何如也. 時唐大中十一年十月初八日序.

1. 첫 번째 법문

황벽(黃檗)이 배휴(裵休)에게 말했다.

"모든 부처와 모든 중생이 오로지 한 개 마음이고, 다시 다른 법은 없다.

이 마음은 애초부터 생겨난 적이 없고 사라진 적이 없으며, 푸른색도 아니고 누른색도 아니며, 모습도 없고 모양도 없으며, 있는 것도 아니고 없는 것도 아니며, 새롭지도 않고 낡지도 않으며, 길지도 않고 짧지도 않으며, 크지도 않고 작지도 않으며, 모든 한계와 이름과 흔적과 상대(相對)를 벗어났다.

지금 이대로가 곧장 이것이니 생각을 움직이면 어긋난다.

마치 허공과 같아서 테두리가 없으니 헤아릴 수 없다.

師謂休曰: "諸佛與一切衆生, 唯是一心, 更無別法. 此心無始已來, 不曾生不曾滅, 不靑不黃, 無形無相, 不屬有無, 不計新舊, 非長非短, 非大非小, 超過一切限量名言蹤跡對待. 當體便是, 動念卽乖. 猶如虛空, 無有邊際, 不可測度.

오직 이 한 개 마음이 곧 부처이니, 부처와 중생이 전혀[21] 다름이 없다.

---

21) 갱(更) : (부정사 앞에서) 전혀(-가 아니다). 하나도(-가 없다). =갱역(更亦).

다만 중생은 모습에 집착하여 밖으로 구하니, 구할수록 더욱 잃는다.

부처로 하여금 부처를 찾게 하고 마음을 가지고 마음을 잡으려 하니, 아무리 오랜 세월이 지나더라도 끝내 얻을 수 없다.

이들 중생은 생각을 쉬고 헤아림을 잊으면 부처는 저절로 앞에 나타난다는 사실을 모른다.

唯此一心卽是佛, 佛與衆生更無別異. 但是衆生着相外求, 求之轉失. 使佛覓佛, 將心捉心, 窮劫盡形, 終不能得. 不知息念忘慮, 佛自現前.

이 마음이 곧 부처이니, 부처가 곧 중생이다.

중생일 때도 이 마음은 줄어들지 않고, 부처일 때도 이 마음은 불어나지 않는다.

나아가 육도만행(六度萬行)[22]과 강바닥 모래알같이 많은 공덕을 본래 다 갖추고 있으니 수행에 의지하여 더할 필요가 없으며, 인연을 만나면 베풀고 인연이 사라지면 고요히 쉰다.

만약 이것이 부처임을 확실히 믿지 못하고, 모습에 집착하여 수행함으로써 효과를 바란다면, 모두 망상(妄想)이어서 도와는 어긋난다.

---

22) 육도만행(六度萬行) : 육도(六度)는 보시(布施)·지계(持戒)·인욕(忍辱)·정진(精進)·선정(禪定)·지혜(智慧)의 육바라밀. 만행(萬行)은 온갖 종류의 수행.

此心卽是佛, 佛卽是衆生. 爲衆生時, 此心不減, 爲諸佛時, 此心不添. 乃至六度萬行, 河沙功德, 本自具足, 不假修添. 遇緣卽施, 緣息卽寂. 若不決定信此是佛, 而欲着相修行以求功用, 皆是妄想, 與道相乖.

이 마음이 곧 부처이니, 결코 다른 부처가 없고 또한 다른 마음도 없다.
이 마음은 밝고 맑아서 마치 허공과 같아 한 점의 모습도 없다.
마음을 일으키고 생각을 움직이면 법의 바탕과 어긋나고 모습을 붙잡게 되지만, 애초부터 모습을 붙잡는 부처는 없다.
육도만행을 닦아 부처가 되려고 한다면 차례가 있게 되지만, 애초부터 차례가 있는 부처는 없다.

此心卽是佛, 更無別佛, 亦無別心. 此心明淨, 猶如虛空, 無一點相貌. 擧心動念, 卽乖法體, 卽爲着相, 無始已來, 無着相佛. 修六度萬行, 欲求成佛, 卽是次第, 無始已來, 無次第佛.

단지 한 개 마음을 깨달을 뿐, 얻을 수 있는 법은 전혀 없다.
이 한 개 마음이 참된 부처이니, 부처와 중생은 한 개 마음으로서 다름이 없다.
마치 허공과 같아 뒤섞임도 없고 부서짐도 없으며, 마치 큰 태양과 같아 사방의 하늘과 땅을 두루 비춘다.
태양이 떠오를 때 밝음이 하늘과 땅에 두루하더라도 허공은 밝아진 적이 없고, 태양이 가라앉을 때 어둠이 하늘과 땅에 두루하더라도 허공은 어두운 적이 없다.

밝음과 어둠의 경계가 스스로 서로 침범하지만 허공의 자성(自性)[23]은 텅 비어서 변화가 없으니, 부처의 마음과 중생의 마음 역시 이와 같다.

만약 부처를 보고서 깨끗하고 밝고 해탈했다는 모습을 만들고, 중생을 보고서 더럽고 어둡고 삶과 죽음에 매여 있다는 모습을 만든다면, 이러한 견해를 짓는 자는 강바닥의 모래알같이 많은 세월을 지나더라도 마침내 깨달음을 얻지 못할 것이니, 모습을 붙잡고 있기 때문이다.

但悟一心, 更無少法可得. 此卽眞佛, 佛與衆生, 一心無異. 猶如虛空, 無雜無壞, 如大日輪, 照四天下. 日升之時, 明遍天下, 虛空不曾明, 日沒之時, 暗遍天下, 虛空不曾暗. 明暗之境, 自相陵奪, 虛空之性, 廓然不變, 佛及衆生心亦如此. 若觀佛, 作淸淨光明解脫之相, 觀衆生, 作垢濁暗昧生死之相, 作此解者, 歷河沙劫, 終不得菩提, 爲着相故.

---

23) 자성(自性) : 그 자체 독립적으로 존재하는 고유한 본성. 각각의 개별적인 사물은 제각각 다른 존재와는 독립적으로 존재하는 고유한 본성을 가진다는 견해를 가진 사람에게는 자성(自性)이란 본래 없다고 가르치고, 모든 사물은 자성이 없이 모두가 텅 빈 허공과 같다는 견해를 가진 사람에게는 진실한 자성(自性)은 항구불변하니 진실한 자성을 찾으라고 가르친다. 자성에 관하여 있느니 없느니 하는 분별을 떠날 때, 비로소 참된 자성에 도달한 것이다. 아니, 참된 자성에 도달하여야 비로소 자성에 관한 허망한 분별이 소멸한다.

오직 이 한 개 마음뿐, 얻을 수 있는 법은 티끌만큼도 없다.

바로 이 마음이 부처다.

오늘날 도를 배우는 사람들은 이 마음의 본바탕을 깨닫지는 못하고 곧장 마음 위에서 마음을 내니, 밖에서 부처를 구하는 것이며 모습을 붙잡고 수행하는 것이므로, 모두가 악법(惡法)이고 깨달음이 아니다.

唯此一心, 更無微塵許法可得. 卽心是佛. 如今學道人, 不悟此心體, 便於心上生心, 向外求佛, 着相修行, 皆是惡法, 非菩提道.

온 우주의 모든 부처님께 공양(供養)을 올리는 것보다 한 사람 마음 없는 도인(道人)을 공양하는 것이 더 낫다.

무슨 까닭인가?

마음이 없다는 것은 어떤 마음도 없는 것이기 때문이다.

한결같은 바탕은 안으로 나무나 돌처럼 동요(動搖)함이 없고, 밖으로 허공처럼 막힘이 없다.

주관도 없고 객관도 없고, 방향도 없고 처소도 없고, 모습도 없고, 얻음도 없고 잃음도 없다.

뒤쫓는 자는 이 법 속으로 들어올 수 없으니, 허공에 떨어져 의지할 곳이 없을까 두려워하기 때문이다.

그러므로 절벽을 보고 물러나서는 모두들 널리 지견(知見)을 구한다.

그 까닭에 지견을 구하는 자는 쇠털같이 많아도 도를 깨닫는 자는 쇠뿔처럼 드물다.

供養十方諸佛, 不如供養一箇無心道人. 何故? 無心者, 無一切心也. 如如之體, 內如木石不動不搖, 外如虛空不塞不礙. 無能所, 無方所, 無相貌, 無得失. 趨者不敢入此法, 恐落空無棲泊處. 故望崖而退, 例皆廣求知見. 所以求知見者如毛, 悟道者如角.

문수(文殊)[24]는 이(理)에 해당하고, 보현(普賢)[25]은 행(行)에 해당

---

24) 문수(文殊) : Mañjuśrī. 문수보살(文殊菩薩). 대승보살. 구역(舊譯)에서는 문수사리(文殊師利)・만수시리(滿殊尸利)라 하고, 신역(新譯)에서는 만수실리(曼殊室利)라 한다. 묘덕(妙德)・묘수(妙首)・보수(普首)・유수(濡首)・경수(敬首)・묘길상(妙吉祥) 등으로도 번역된다. 문수(文殊) 혹은 만수(曼殊)는 묘(妙)의 뜻, 사리(師利) 혹은 실리(室利)는 두(頭)・덕(德)・길상(吉祥)의 뜻. 보현보살과 짝하여 석가모니불의 보처로서 왼쪽에 있어 지혜를 맡고 있다. 머리에 5계(髻)를 맺은 것은 대일(大日)의 5지(智)를 표시한다. 바른손에는 지혜의 칼을 들고, 왼손에는 꽃 위에 지혜의 그림이 있는 청련화를 쥐고 있다. 사자를 타고 있는 것은 위엄과 용맹을 나타낸 것. 이 보살은 석존의 교화를 돕기 위하여 일시적인 권현(權現)으로 보살의 자리에 있다고도 한다. 벌써 성불하여 용존상불(龍尊上佛)・대신불(大身佛)・신선불(神仙佛)이라 하며, 또 미래에 성불하여 보견여래(普見如來)라고 부른다 한다. 또는 현재 북방의 상희세계(常喜世界)에 있는 환희장마니보적여래라고도 이름한다.

25) 보현(普賢) : 보현보살(普賢菩薩). 문수사리보살과 함께 석가여래의 협사(脇士)로 유명한 보살. 문수보살이 여래의 왼편에 모시고 여러 부처님들의 지덕(智德)・체덕(體德)을 맡음에 대하여, 이 보살은 오른쪽에 모시고 이덕(理德)・정덕(定德)・행덕(行德)을 맡았다. 또 문수보살과 같이 일체 보살의 으뜸이 되어 언

한다. 이(理)는 진공(眞空)으로서 막힘 없는 이(理)이고, 행(行)은 모습을 벗어나 다함이 없는 행(行)이다.

관음(觀音)²⁶⁾은 대자(大慈)에 해당하고, 세지(勢至)²⁷⁾는 대지(大

제나 여래의 중생 제도하는 일을 돕고 드날린다. 또 중생들의 목숨을 길게 하는 덕을 가졌으므로 보현연명보살, 혹은 연명보살(延命菩薩)이라고도 한다. 형상은 여러 가지가 있으나, 크게 나누면 흰 코끼리를 탄 모양, 연화대(蓮花臺)에 앉은 모양의 2종이 있다. 예로부터 코끼리에 탄 형상을 많이 만들었고, 연화대에 앉은 모양은 진언밀교(眞言密敎)에서 만들었다.

26) 관음(觀音) : =관세음(觀世音). Avalokiteśvara. 아박로지저습벌라(阿縛盧枳低濕伐邏)라 음역. 관자재(觀自在)·광세음(光世音)·관세자재(觀世自在)·관세음자재(觀世音自在)라 번역. 줄여서 관음(觀音). 대자대비(大慈大悲)를 근본 서원(誓願)으로 하는 보살. 미타삼존(彌陀三尊)의 하나로 아미타불의 왼쪽 보처(補處). 관세음이란 세간의 음성을 관하는 이란 뜻. 관자재라 함은 지혜로 관조(觀照)하므로 자재한 묘과(妙果)를 얻은 이란 뜻. 또 중생에게 온갖 두려움이 없는 무외심(無畏心)을 베푼다는 뜻으로 시무외자(施無畏者)라 하고, 자비를 위주하는 뜻으로 대비성자(大悲聖者)라 하며, 세상을 구제하므로 구세대사(救世大士)라고도 한다. 이 보살이 세상을 교화함에는 중생의 근기에 맞추어 여러 가지 형체로 나타난다. 이를 보문시현(普門示現)이라 하며, 33신(身)이 있다고 한다. 왼손에 든 연꽃은 중생이 본래 갖춘 불성(佛性)을 표시하고, 그 꽃이 핀 것은 불성이 드러나서 성불한 뜻이고, 그 봉오리는 불성이 번뇌에 물들지 않고 장차 필 것을 나타낸다. 그 종류로는 6관음(성·천수·마두·십일면·준제·여의륜)이 보통, 그 중 성관음(聖觀音)이 본신이고, 다른 것은 보문시현의 변화신. 그 정토(淨土) 또는 있는 곳을 보타락가(補陀落迦, Potalaka)라고 하나, 원래 『화엄경』에 남인도 마뢰구타국의 보타락가라 한 것이 처음이고, 중국에서는 절강성의 주산도(舟山島)를 보타락가라 하였다.

27) 세지(勢至) : 대세지보살(大勢至菩薩). 아미타불의 우보처보살. 마하살타마발라발다(摩訶薩駄摩鉢羅鉢跢)라 음역. 대정진(大精進)·득대세(得大勢)라고도 번역. 아미타불에겐 자비문과 지혜문이 있는데, 관세음은 자비문을 표하고, 대세지는

智)에 해당한다.

유마(維摩)[28]는 깨끗한 이름(정명(淨名))이다. 깨끗함은 성(性)이고, 이름은 상(相)인데, 성과 상이 서로 다르지 않으므로 깨끗한 이름이라고 한다.

모든 대보살이 드러내는 것은 사람들이 모두 가지고 있는 것이어서 한 마음을 벗어나지 않으니, 그것을 깨달으면 된다.

오늘날 도를 배우는 사람들이 자기 마음속에서 깨닫지 못하고, 마음 밖에서 모습을 붙잡고 경계를 취하므로 모두 도와는 어긋난다.

文殊當理, 普賢當行. 理者眞空無礙之理, 行者離相無盡之行. 觀音當大慈, 勢至當大智. 維摩者淨名也. 淨者性也, 名者相也, 性相不異, 故號淨名. 諸大菩薩所表者, 人皆有之, 不離一心, 悟之卽是. 今學道人, 不向自心中悟, 乃於心外着相取境, 皆與道背.

지혜문을 표한다. 이 보살의 지혜 광명이 모든 중생에게 비치어 3도(途)를 여의고 위없는 힘을 얻게 하므로 대세지라 한다. 또 발을 디디면 삼천 세계와 마군의 궁전이 진동하므로 대세지라 한다. 형상은 정수리에 보배병을 얹고 아미타불의 바른쪽에 있으며, 염불하는 수행자를 맞아 갈 때는 합장하는 것이 통례이다.

28) 유마(維摩) : Vimalakīrti. 부처님의 속제자(俗弟子). 유마힐(維摩詰) · 비마라힐(毘摩羅詰) 등이라고 음역. 정명(淨名) · 무구칭(無垢稱)이라 번역. 인도 비야리국 장자로서, 속가에 있으면서 보살행업을 닦은 이. 그 수행이 높아서 부처의 제자들도 미칠 수 없었다고 함. 『유마경(維摩經)』의 주인공.

갠지스 강의 모래란 것을 부처님께서 말씀하셨는데, 모든 부처와 보살과 제석천(帝釋天)29)과 범천(梵天)30) 등이 밟고 지나가도 모래는 기뻐하지 않고, 소나 양이나 벌레나 개미가 밟고 지나가도 모래는 성내지 않으며, 진귀한 보물이나 아름다운 향도 모래는 탐내지 않고, 똥과 오줌과 더러운 냄새 나는 쓰레기도 모래는 싫어하지 않는다.

이 마음은 곧 마음 없는 마음이니, 모든 모습을 벗어나 중생과 부처가 전혀 차별이 없다.

다만 마음이 없기만 하면 곧장 마지막 깨달음이다.

도를 배우는 사람이 만약 당장 마음이 없지 못하다면, 아무리 오랜 세월 수행(修行)하더라도 마침내 깨달을 수 없으니, 삼승(三

---

29) 제석천(帝釋天) : 산스크리트 Indra의 역어인데, '석가제환인다라(釋迦提桓因陀羅)'를 줄인 말로 "제천을 주재하는 샤크라"라는 뜻이다. 능천주(能天主)·천주제석(天主帝釋)·천제석(天帝釋)·천제(天帝)·제석(帝釋) 등으로도 쓴다. 우레의 번갯불을 신격화한 것으로, 베다 시대에는 신들 가운데서 가장 강력한 존재로 간주되었고, 항상 악신인 아수라들과 싸워서 깨뜨렸다고 한다. 그러다가 불교 시대가 되자, 제석을 대신하여 범천(梵天)이 세계를 지배하는 최고신이 되었고, 제석은 지상최고인 수미산에 있는 삼십삼천(三十三天, 忉利天)의 최고궁인 선견성(善見城)에 머물면서 지상을 지배하는 존재가 되었다. 범천과 함께 불교를 수호하는 신으로 간주된다.
30) 범천(梵天) : brahma-deva 바라하마천(婆羅賀麽天)이라고도 쓴다. 색계 초선천(初禪天). 범(梵)은 맑고 깨끗하단 뜻. 이 하늘은 욕계(欲界)의 음욕(淫欲)을 여의어서 항상 깨끗하고 조용하므로 범천이라 한다. 여기에 다시 세 하늘이 있으니 범중천·범보천·대범천이지만, 범천이라 통칭한다. 보통 범천이라 할 때는 초선천의 주(主)인 범천왕을 가리킴.

乘)³¹⁾의 수행³²⁾에 매여서 해탈할 수 없기 때문이다.

　恒河沙者, 佛說是沙, 諸佛菩薩, 釋梵諸天, 步履而過, 沙亦不喜, 牛羊蟲蟻, 踐踏而行, 沙亦不怒, 珍寶馨香, 沙亦不貪, 糞尿臭穢, 沙亦不惡. 此心卽無心之心, 離一切相, 衆生諸佛, 更無差別. 但能無心, 便是究竟. 學道人, 若不直下無心, 累劫修行, 終不成道, 被三乘功行拘繫, 不得解脫.

　그러나 이 마음을 깨닫는 데에는 빠르고 늦음이 있다.

　설법을 듣고서 한 순간 문득 마음이 없어지는 자도 있고, 십신(十信)³³⁾·십주(十住)³⁴⁾·십행(十行)³⁵⁾·십회향(十廻向)³⁶⁾에 이르러

---

31) 삼승(三乘) : 세 가지 탈것, 세 가지 입장, 3가지 길을 걷는 자 또는 깨달음을 성취하는 세 가지 실천법을 일컫는다. 승(乘)은 사람을 태워 깨달음에 이르게 하는 가르침을 비유한 말이다. 성문(聲聞), 연각(緣覺), 보살(菩薩)에 각각 상응하는 가르침 또는 입장으로서 성문승, 연각승, 보살승이라는 3가지 실천 방법을 말한다. 성문승과 연각승은 소승(小乘), 불승(佛乘)으로도 불리는 보살승은 대승(大乘)이라고 한다. 불도를 닦는 모든 사람 또는 입장을 총괄하는 말이기도 하다.

32) 공행(功行) : 공(功)은 수행으로 나타나는 효과. 공행(功行)은 공을 동반하는 행위이니 곧 수행(修行)과 같다.

33) 십신(十信) : 보살이 수행하는 계위(階位) 52위 중 처음의 10위(位). 부처님의 교법을 믿어 의심이 없는 지위. 신심(信心)·염심(念心)·정진심(精進心)·혜심(慧心)·정심(定心)·불퇴심(不退心)·호법심(護法心)·회향심(廻向心)·계심(戒心)·원심(願心).

34) 십주(十住) : 보살이 수행하는 계위인 52위 중에 제11위에서 제20위까지. 10신위를 지나서 마음이 진제(眞諦)의 이치에 안주하는 위치에 이르렀다는 뜻으로 주(住)라고 한다. ①발심주(發心住). ②치지주(治地住). ③수행주(修行住). ④생

전심법요 29

러서야 마음이 없어지는 자도 있고, 십지(十地)³⁷⁾에 이르러서야 마음이 없어지는 자도 있다.

귀주(生貴住). ⑤구족방편주(具足方便住). ⑥정심주(正心住). ⑦불퇴주(不退住). ⑧동진주(童眞住). ⑨법왕자주(法王子住). ⑩관정주(灌頂住). 처음 발심주에서 제4 생귀주까지를 입성태(入聖胎), 제5 구족방편주에서 제8 동진주까지를 장양성태(長養聖胎), 제9 법왕자주를 출성태(出聖胎)라고도 한다.

35) 십행(十行) : 보살이 수행하는 계위를 52위로 한 것 중에서 제21위부터 제30위까지 이타의 수행을 완수하기 위하여 중생제도에 노력하는 지위를 10으로 나눈 것. ①환희행(歡喜行). ②요익행(饒益行). ③무진한행(無瞋恨行). ④무진행(無盡行). ⑤이치란행(離癡亂行). ⑥선현행(善現行). ⑦무착행(無着行). ⑧존중행(尊重行). ⑨선법행(善法行). ⑩진실행(眞實行).

36) 십회향(十廻向) : 『화엄경』에서 보살이 수행하는 계위인 52위 중에서 제31위에서 제40위까지. 10행위(行位)를 마치고 다시 지금까지 닦은 자리이타(自利利他)의 여러 가지 행을 일체 중생을 위하여 돌려주는 동시에 이 공덕으로 불과를 향해 나아가 오경(悟境)에 도달하려는 지위. ①구호일체중생이상회향(救護一切衆生離相廻向). ②불괴회향(不壞廻向). ③등일체제불회향(等一切諸佛廻向). ④지일체처회향(至一切處廻向). ⑤무진공덕장회향(無盡功德藏廻向). ⑥입일체평등선근회향(入一切平等善根廻向). ⑦등수순일체중생회향(等隨順一切衆生廻向). ⑧진여상회향(眞如相廻向). ⑨무박무착해탈회향(無縛無着解脫廻向). ⑩입법계무량회향(入法界無量廻向). 십회향까지는 범부의 수행이고, 그 다음 십지부터는 성인이라고 한다.

37) 십지(十地) : 『화엄경』「십지품(十地品)」에 설해져 있는 보살수행의 52위 가운데서 제41위에서 제50위까지를 가리키는데, 보살로서는 최고의 경지이다. 이 10위는 불지(佛智)를 생성하고 능히 주지(住持)하여 움직이지 아니하며 온갖 중생을 짊어지고 교화 이롭게 하는 것이 마치 대지가 만물을 싣고 이를 기름지게 하는 것과 같으므로 지(地)라 이른다. ①환희지(歡喜地). ②이구지(離垢地). ③발광지(發光地). ④염혜지(焰慧地). ⑤난승지(難勝地). ⑥현전지(現前地). ⑦원행지(遠行地). ⑧부동지(不動地). ⑨선혜지(善慧地). ⑩법운지(法雲地).

그러나 빠르건 더디건 마음이 없어지면 그만이지 다시 수행하거나 깨달을 것은 없다.

참으로 얻을 것이 없다면, 진실하여 헛되지 않다.

한 순간에 이루든 십지에 이르러 이루든 그 효용은 꼭 같아서 다시 깊고 얕음이 없으므로, 오랜 세월을 지나는 것은 괜한 헛수고일 뿐이다.

然證此心有遲疾. 有聞法一念便得無心者, 有至十信十住十行十迴向乃得無心者, 有至十地乃得無心者. 長短得無心乃住, 更無可修可證. 實無所得, 眞實不虛. 一念而得, 與十地而得者, 功用恰齊, 更無深淺, 祇是歷劫枉受辛勤耳.

악을 행하고 선을 행하는 것은 모두 모습에 집착한 것이다.

모습에 집착하여 악을 행하여 헛되이 윤회에 떨어지고, 모습에 집착하여 선을 행하여 헛되이 수고로움을 겪으니, 말을 듣고서 곧장 스스로 본래의 법을 깨닫는 것이 더 좋다.

造惡造善皆是着相. 着相造惡枉受輪迴, 着相造善枉受勞苦, 總不如言下便自認取本法.

이 법이 곧 마음이니, 마음 밖에 법은 없다.
이 마음이 곧 법이니, 법 밖에 마음은 없다.

마음은 본래 없는 마음이니, 마음이 없다는 것도 없다.

마음을 가지고 마음을 없애려 하면, 마음이 도리어 있게 된다.

말없이 계합(契合)[38]할 뿐이니, 모든 생각과 말을 끊는다.

그러므로 '말의 길이 끊어지고 마음 가는 곳이 사라졌다.'고 한다.

이 마음은 본래 근원이 깨끗한 부처인데, 사람들이 모두 가지고 있다.

꿈틀거리며 움직이면서 영혼을 가진 것들은 모든 부처님과 보살님들과 한 몸으로서 다르지 않다.

다만 허망한 생각으로 분별하기 때문에 여러 가지 업과 과보를 만드는 것이다.

此法卽心, 心外無法. 此心卽法, 法外無心. 心自無心, 亦無無心者. 將心無心, 心卻成有. 默契而已, 絶諸思議. 故曰: '言語道斷, 心行處滅.' 此心是本源淸淨佛, 人皆有之. 蠢動含靈, 與諸佛菩薩, 一體不異. 祇爲妄想分別, 造種種業果.

본래의 부처에게는 진실로 한 물건도 없으니, 텅 비어 통하고 고요하면서 밝고 묘하고 안락할 뿐이다.

깊으면 저절로 깨달아 들어가니 곧장 바로 이것이다.

---

38) 계합(契合) : ①당체와 꼭 들어맞음. 진리에 부합함. ②뜻이 통하다. 마음이 통하다. 일치하다. 통하다.

모자람 없이 다 갖추고 있어서 전혀 부족함이 없다.

本佛上實無一物, 虛通寂靜, 明妙安樂而已. 深自悟入, 直下便是. 圓滿具足, 更無所欠.

설사 무한한 세월 동안 정진수행하고 모든 지위를 거치더라도, 한 순간 깨달을 때에 이르러서는 다만 원래의 자기 부처를 깨달을 뿐, 그 위에 다시 한 물건도 더할 수 없다.

깨달았을 때 오랫동안 행해 온 노력을 돌이켜 보면 모두가 꿈속의 허망한 짓일 뿐이다.

그래서 여래는 말하기를 '나는 위없이 바르고 평등한 깨달음에서 참으로 얻은 것이 없다. 만약 얻은 것이 있다면, 연등부처는 나에게 수기(授記)하지 않았을 것이다.'라고 하고, 또 말하기를 '이 법은 평등하여 높고 낮음이 없으니, 이것을 일러 깨달음이라 한다.'라고 하였다.

縱使三祇精進修行, 歷諸地位, 及一念證時, 祇證元來自佛, 向上更不添得一物. 卻觀歷劫功用, 總是夢中妄爲. 故如來云: "我於阿耨菩提, 實無所得. 若有所得, 然燈佛則不與我授記." 又云: "是法平等, 無有高下, 是名菩提."

바로 이 본래 깨끗한 마음은 중생·부처·세계·산하(山河)·모양 있는 것·모양 없는 것 등의 온 우주와 더불어 온전히 평등하여 너와 나라는 분별된 모습이 없다.

　이 본래 깨끗한 마음은 늘 스스로 두루 밝고 빠짐없이 비추고 있다.

　세상 사람들이 깨닫지 못하는 것은 다만 보고·듣고·느끼고· 아는 것을 마음이라고 알기 때문이다.

　보고·듣고·느끼고·아는 것에 뒤덮이는 까닭에 밝은 본바탕을 보지 못한다.

　단지 곧장 마음이 없기만 하면 본바탕이 저절로 나타나니, 마치 태양이 허공에 떠서 사방팔방을 두루 비춤에 막힘이 전혀 없는 것과 같다.

　卽此本源淸淨心, 與衆生諸佛, 世界山河, 有相無相, 遍十方界, 一切平等, 無彼我相. 此本源淸淨心, 常自圓明遍照. 世人不悟, 祇認見聞覺知爲心. 爲見聞覺知所覆, 所以不睹精明本體. 但直下無心, 本體自現, 如大日輪昇於虛空, 遍照十方更無障礙.

　따라서 도를 배우는 사람이 다만 보고·듣고·느끼고·아는 것을 잘 알아서 일상의 삶 속에서 보고·듣고·느끼고·아는 것을 비워 버리면, 마음의 길이 끊어져서 들어갈 곳이 없게 된다.

　다만 보고·듣고·느끼고·아는 곳에서 본래의 마음을 알아라.

　그러나 본래 마음은 보고·듣고·느끼고·아는 것에 속하지도 않고, 보고·듣고·느끼고·아는 것에서 벗어나지도 않는다.

다만 보고·듣고·느끼고·아는 곳에서 견해를 내지 말고, 보고·듣고·느끼고·아는 곳에서 생각을 움직이지도 말고, 보고·듣고·느끼고·아는 것을 떠나 마음을 찾지도 말고, 보고·듣고·느끼고·아는 것을 버리고 법을 취하지도 말라.

함께 하지도 않고 떠나지도 않고, 머물지도 않고 집착하지도 않으면, 종횡으로 자재하여 도량(道場) 아님이 없다.

세상 사람들은 모든 부처님이 전부 마음법을 전한다는 말을 듣고서는, 마음 위에 따로 증명할 수 있고 취할 수 있는 한 개 법이 있다고 오해하여,[39] 드디어 마음을 가지고 법을 찾게 되니, 마음이 곧 법이고 법이 곧 마음임을 알지 못하는 것이다.

마음을 가지고 다시 마음을 구하면 안 되니, 천만 겁(劫)의 세월이 흘러도 마침내 얻을 날이 없을 것이다.

즉각[40] 마음이 없으면 곧장 본래의 법이다.

마치 힘센 역사(力士)가 이마에 박힌 구슬을 잃어버리고 밖에서 찾아다니며 온 세계를 두루 다녔으나 마침내 찾지 못했는데, 지혜로운 사람이 가리켜 주니 그 순간 본래의 구슬이 그대로 있음을 스스로 보는 것과 같기 때문이다.[41]

---

39) 장위(將謂) : -라고 여겼는데(결국 그렇지 않다는 뜻을 내포함). -라고 잘못 알다.
40) 당하(當下) : 즉각. 바로. 그 자리에서.
41) 역사액주유(力士額珠喩) : 40권 『대반열반경』 제7권에 나오는 비유. 본심이 비록 드러나지 않고 숨겨져 있으나 여전히 우리 자신이 가지고 있다는 내용. 경전의 내용은 다음과 같다 : "비유하면 다음과 같다. 어떤 왕가(王家)에 힘센 장사가 있었

따라서 도를 배우는 사람이 자기의 본래 마음을 잃고 자기의 본

는데, 그의 미간에는 금강주(金剛珠)가 달려 있었다. 그런데 그가 다른 장사와 힘 겨루기를 하면서 서로 치고받다가 그 장사가 머리로 이 장사의 이마를 받았다. 그 바람에 이 장사의 이마에 있던 구슬이 살 속으로 깊이 파고 들어가 전혀 보이지 않게 되었다. 그 자리에는 부스럼이 생겼기 때문에 의사를 불러 치료하고자 했다. 그때 처방과 약을 잘 아는 뛰어난 의사는 곧 이 부스럼이 구슬이 몸에 들어갔기 때문인 줄을 알았다. 이 구슬이 피부를 파고 들어가 박혀 있었던 것이다. 그때 의사가 장사에게 물었다. '당신 이마 위의 구슬은 어디에 있습니까?' 장사가 놀라서 답했다. '의사 선생님, 제 이마 위에 구슬이 없습니까? 구슬은 지금 어디에 있습니까?' 장사는 이것이 꿈이 아니었으므로 근심하면서 눈물을 흘렸다. 그때 의사가 장사를 위로하며 일러 주었다. '당신은 지금 크게 걱정할 것이 없습니다. 당신이 싸울 때 구슬이 몸 속으로 파고들었습니다. 지금은 피부 속에서 그림자만 밖으로 드러나 있습니다. 당신들이 싸울 때 화가 가득 나 있었기 때문에 구슬이 몸에 박혀도 몰랐던 것입니다.' 그때 장사는 의사를 믿지 않고서 말했다. '피부 속에 있다면, 더러운 고름이 생겼을 터인데 왜 밖으로 고름이 나오지 않는 것입니까? 만약 근육 속에 있다면, 보일 수 없을 것입니다. 지금 어찌하여 나를 속이십니까?' 그때 의사는 거울을 가져와 장사의 얼굴을 비추었다. 구슬이 거울 속에 분명히 나타났다. 장사는 그것을 보고서야 마음에 놀랍고 이상함을 품고서 기특하다는 생각을 하였다. 선남자여, 모든 중생들 역시 이와 같다. 선지식을 직접 만나지 못하기 때문에, 비록 불성을 가지고 있으나 전혀 볼 수가 없는 것이다.''(譬如王家有大力士, 其人眉間有金剛珠. 與餘力士較力相撲, 而彼力士以頭抵觸其額上. 珠尋沒膚中, 都不自知是珠所在. 其處有瘡, 卽命良醫欲自療治. 時有明醫善知方藥, 卽知是瘡因珠入體. 是珠入皮卽便停住. 是時良醫尋問力士: '卿額上珠爲何所在?' 力士驚答大師醫王: '我額上珠乃無去耶? 是珠今者爲何所在?' 將非幻化憂愁啼哭. 是時良醫慰喩力士: '汝今不應生大愁苦. 汝因鬪時寶珠入體. 今在皮裏影現於外. 汝曹鬪時瞋恚毒盛珠陷入體故不自知.' 是時力士不信醫言: '若在皮裏, 膿血不淨何緣不出? 若在筋裏, 不應可見. 汝今云何欺証於我?' 時醫執鏡以照其面. 珠在鏡中明了顯現. 力士見已心懷驚怪生奇特想. 善男子, 一切衆生亦復如是. 不能親近善知識故, 雖有佛性皆不能見.)

래 마음이 부처임을 알지 못하고, 밖에서 찾고 구하며 애써 노력하여 순차적으로 깨달으려 한다면, 무한한 세월을 애써 구하더라도 영원히 깨달음을 이루지 못할 것이니, 당장 마음이 없음만 못하다.

故學道人, 唯認見聞覺知, 施爲動作, 空卻見聞覺知, 卽心路絶無入處. 但於見聞覺知處認本心, 然本心不屬見聞覺知, 亦不離見聞覺知. 但莫於見聞覺知上起見解, 亦莫於見聞覺知上動念, 亦莫離見聞覺知覓心, 亦莫捨見聞覺知取法. 不卽不離, 不住不着, 縱橫自在, 無非道場. 世人聞道諸佛皆傳心法, 將謂心上別有一法可證可取, 遂將心覓法, 不知心卽是法, 法卽是心. 不可將心更求於心, 歷千萬劫終無得日. 不如當下無心, 便是本法. 如力士, 迷額內珠, 向外求覓, 周行十方, 終不能得, 智者指之, 當時自見本珠如故. 故學道人迷自本心, 不認爲佛, 遂向外求覓, 起功用行, 依次第證, 歷劫勤求, 永不成道, 不如當下無心.

모든 법은 본래 가질 것도 없고, 얻을 것도 없고, 의지할 곳도 없고, 머물 곳도 없고, 주관도 없고, 객관도 없음을 명확히 알아서 허망한 생각을 내지 않으면, 곧장 깨달음을 얻는다.

깨달음을 얻을 때는 다만 본래 마음인 부처를 깨달을 뿐이니, 오랜 세월의 노력이 전부 헛된 수행이다.

마치 힘센 사람이 구슬을 얻을 때 다만 본래 자신의 이마에 있었던 구슬을 얻을 뿐, 밖으로 찾아 구하는 힘과는 아무 관련이 없는 것과 같다.

決定知一切法, 本無所有, 亦無所得, 無依無住, 無能無所, 不動妄念, 便證菩提. 及證道時, 祇證本心佛, 歷劫功用, 並是虛修. 如力士得珠時, 祇得本額珠, 不關向外求覓之力.

그러므로 부처님께서 말씀하셨다. '나는 위없이 바르고 평등한 깨달음에서 진실로 얻은 것이 없다.'[42)]

사람들이 믿지 않을까 봐 염려한 까닭에 오안(五眼)[43)]으로 보는

---

42) 『금강경』의 구절. 구마라집 역 『금강경』에 나오는 본래 문장은 이렇다. "나는 위없이 바르고 평등한 깨달음에서 얻은 법이 전혀 없었다. 그러므로 이름이 위없이 바르고 평등한 깨달음인 것이다."(我於阿耨多羅三藐三菩提, 乃至無有少法可得, 是名阿耨多羅三藐三菩提.)

43) 오안(五眼) : 곧 육안(肉眼)·천안(天眼)·혜안(慧眼)·법안(法眼)·불안(佛眼)이니 『금강경』의 다음 구절을 가리킨다 : "수보리야, 어떻게 생각하느냐? 여래에게 육안(肉眼)이 있느냐?" "그렇습니다, 세존이시여. 여래에게는 육안이 있습니다." "수보리야, 어떻게 생각하느냐? 여래에게 천안(天眼)이 있느냐?" "그렇습니다, 세존이시여. 여래에게는 천안이 있습니다." "수보리야, 어떻게 생각하느냐? 여래에게 혜안(慧眼)이 있느냐?" "그렇습니다, 세존이시여. 여래에게는 혜안이 있습니다." "수보리야, 어떻게 생각하느냐? 여래에게 법안(法眼)이 있느냐?" "그렇습니다, 세존이시여. 여래에게는 법안이 있습니다." "수보리야, 어떻게 생각하느냐? 여래에게 불안(佛眼)이 있느냐?" "그렇습니다, 세존이시여. 여래에게는 불안이 있습니다." ("須菩提, 於意云何? 如來有肉眼不?" "如是世尊, 如來有肉眼." "須菩提, 於意云何? 如來有天眼不?" "如是世尊, 如來有天眼." "須菩提, 於意云何? 如來有慧眼不?" "如是世尊, 如來有慧眼." "須菩提, 於意云何? 如來有法眼不?" "如是世尊, 如來有法眼." "須菩提, 於意云何? 如來有佛眼不?" "如是世尊, 如來有佛眼.")

것과 오어(五語)⁴⁴⁾로 말한 것을 끌어와 증거로 삼았으니, 진실하여 헛되지 않은 제일의제(第一義諦)⁴⁵⁾이다. 도를 배우는 사람들은 의심하지 마라.

故佛言: '我於阿耨菩提實無所得.' 恐人不信, 故引五眼所見, 五語所言, 眞實不虛, 是第一義諦, 學道人, 莫疑.

사대(四大)⁴⁶⁾가 몸이 되지만, 사대에는 '나'가 없고, 나에게도 주인이 없다. 그러므로 이 몸에는 '나'도 없고 주인도 없음을 알 수 있다. 오음(五陰)⁴⁷⁾이 마음이 되지만, 오음에는 '나'가 없고 주인도 없

---

44) 오어(五語): 『금강경』의 다음 구절을 가리킨다: "수보리야, 여래는 참되게 말하는 분이시고, 진실하게 말하는 분이시고, 있는 그대로 말하는 분이시고, 속이지 않고 말하는 분이시고, 다르지 않게 말하는 분이시다."("須菩提, 如來是眞語者, 實語者, 如語者, 不誑語者, 不異語者.")
45) 제일의제(第一義諦): 이제(二諦)의 하나. 진제(眞諦)·성제(聖諦)·승의제(勝義諦)라고도 한다. 열반·진여·실상(實相)·중도(中道)·법계(法界)·진공(眞空) 등 깊고 묘한 진리를 제일의제라 한다. 이 진리는 모든 법 가운데 제일이라는 뜻.
46) 사대(四大): 육신(肉身)과 물질(物質)을 구성하는 4대원소(大元素). 지(地)·수(水)·화(火)·풍(風).
47) 오음(五陰): 범어 pañca-skandha. 오온(五蘊)이라고도 한다. 색온(色蘊), 수온(受蘊), 상온(想蘊), 행온(行蘊), 식온(識蘊)의 총칭임. 수·상·행은 대체로 마음의 작용을 나타내기 때문에, 오온은 물질계와 정신계의 양면에 걸치는 일체의 유위법(有爲法)을 가리킨다. 불교에서 인간을 구성하는 물질적 요소인 색온(色蘊)과 정신요소인 4온을 합쳐 부르는 말. 온이란 곧 집합·구성 요소를 의미하는데, 오온은 색(色)·수(受)·상(想)·행(行)·식(識)의 다섯 가지이다.

다. 그러므로 이 마음에는 '나'가 없고 주인도 없음을 알 수 있다.

육근(六根)[48] · 육진(六塵)[49] · 육식(六識)[50]이 화합하여 지금 생겨나고 사라지는 것 역시 이와 같다.

십팔계(十八界)[51]가 이미 공(空)이니, 모든 것이 전부 공(空)이다. 오직 본래 마음이 있을 뿐, 텅 비어서[52] 깨끗하다.

四大爲身, 四大無我, 我亦無主. 故知此身無我亦無主. 五陰爲心, 五陰無我亦無主, 故知此心無我亦無主. 六根六塵六識和今生滅亦復如是. 十八界旣空, 一切皆空. 唯有本心蕩然淸淨.

---

48) 육근(六根) : 대상을 인식하는 여섯 가지 기관. 즉 눈(眼) · 귀(耳) · 코(鼻) · 혀(舌) · 살갗(身) · 의식(意) 등을 가리킨다.
49) 육진(六塵) : 육근(六根)에 대응하는 색(色) · 성(聲) · 향(香) · 미(味) · 촉(觸) · 법(法) 등의 육경(六境)을 말한다. 이 육경이 본래청정한 마음을 오염시키기 때문에 '티끌(塵)'이라 한다.
50) 육식(六識) : 객관적 인식의 대상을 색(色) · 성(聲) · 향(香) · 미(味) · 촉(觸) · 법(法)의 6경(境)으로 하고, 이 6경에 대하여 보고 듣고 맡고 맛보고 닿고 알고 하는 인식 작용. 곧 안식(眼識) · 이식(耳識) · 비식(鼻識) · 설식(舌識) · 신식(身識) · 의식(意識).
51) 십팔계(十八界) : 십팔계란 우리가 경험하는 세계를 설명하기 위하여 만든 이름. 지각기관인 안이비설신의(眼耳鼻舌身意)의 육근(六根)과, 각 지각기관의 지각대상인 색성향미촉법(色聲香味觸法)의 육경(六境)과, 각각의 지각기관과 지각대상의 접촉에 의하여 생기는 안식(眼識) · 이식(耳識) · 비식(鼻識) · 설식(舌識) · 신식(身識) · 의식(意識)의 육식(六識)으로 구성되어 있다.
52) 탕연(蕩然) : 텅 빈. 싹 사라진. 완전히 없어진 모양.

의식(意識)의 음식도 있고, 지혜(智慧)의 음식도 있다.

사대로 된 몸이 굶주리고 병이 들어 아플 때 순서대로 알맞게 음식을 먹어 탐착(貪着)을 일으키지 않는 것을 일러 지혜의 음식이라 한다.

감정에 내맡겨 맛에 집착하고 헛되이 분별을 내어 오직 입에 맞는 것만 구하고 싫어하여 떠나지 않는 것을 일러 의식의 음식이라 한다.

有識食, 有智食. 四大之身, 飢瘡爲患, 隨順給養, 不生貪着, 謂之智食. 恣情取味, 妄生分別, 唯求適口, 不生厭離, 謂之識食.

성문(聲聞)[53]이란 목소리 때문에 깨달음을 얻으므로 일러 성문이라 하니, 자기 마음을 깨닫지 못하고 다만 목소리로 말하는 가르침에서 이해를 낼 뿐이다.

혹은 신통(神通) 때문에 혹은 상서로운 모습 때문에 말하고 움직인다.

---

53) 성문(聲聞) : 원래의 뜻은 석가모니의 음성을 들은 불제자를 말함. 대승불교에 상대하여 말할 때는 성문은 곧 소승불교를 가리킨다. 그 의미는 부처님의 가르침에 의지하여 사성제(四聖諦)의 이치를 이해하고, 차례차례 수행의 단계를 거쳐 아라한이 되기를 바라는 수행자이다. 불이법문(不二法門)에 서서 수행의 단계를 말하지 않는 대승의 보살에 대하여, 출세와 속세, 깨달음과 어리석음을 분별하여 하나를 버리고 하나를 취하는 점차적인 수행의 단계를 거치는 소승불교를 대표하는 것이 바로 성문이다. 그러므로 성문은 분별하여 취하고 버리는 길을 따르는 무리다.

깨달음과 열반이 있다는 말을 듣고서 무한한 세월을 수행하여 깨달음을 이룬다면, 모두 성문의 깨달음에 속하니 일러서 성문의 부처라 한다.

다만 곧장 자기의 마음이 본래 부처임을 문득 깨달아 얻을 법이 하나도 없고 닦을 수행이 하나도 없으면, 이것이 위없는 깨달음이며 참되고 변함없는 부처다.

聲聞者, 因聲得悟, 故謂之聲聞, 但不了自心, 於聲敎上起解. 或因神通, 或因瑞相, 言語運動, 聞有菩提涅槃, 三僧祇劫修成佛道, 皆屬聲聞道, 謂之聲聞佛. 唯直下頓了自心本來是佛, 無一法可得, 無一行可修, 此是無上道, 此是眞如佛.

도를 배우는 사람이 다만 한 생각이 있는 것을 두려워하기만 한다면, 도와 어긋난다.

생각생각에54) 개념55)이 없고, 생각생각에 하는 일이 없다면 곧 부처다.

---

54) 염념(念念) : ①순간순간. 시시각각. 찰나찰나. 염(念)은 지극히 짧은 시간. ②생각생각.

55) 상(相) : 상(相)에는 두 가지 뜻이 있다. ①lakṣaṇā. 사물의 모양, 모습.『반야심경』에서 "是諸法空相"의 상(相).『금강경』에서 "凡所有相皆是虛妄, 若見諸相非相則見如來."의 상(相). ②saṃjñā. 개념. 상(想)과 같음. 마음이 분별한 사물의 모습. 작상(作相)은 '생각하다'는 뜻.『반야심경』에서 "無色無受想行識"의 상(想).『금강경』에서 "離一切相", "無復我相人相衆生相壽者相, 無法相亦無非法相."의 상(相). 여기에서는 상(相)을 상(想)으로 보아 개념으로 번역한다.

도를 배우는 사람이 만약 깨달아 부처가 되고자 한다면, 어떤 불법(佛法)⁵⁶⁾도 전혀 배울 필요가 없고, 오직 구함 없고 집착함 없음만 배우면 된다.

구함이 없으면 마음이 생겨나지 않고, 집착이 없으면 마음이 사라지지 않는데, 생겨나지도 않고 사라지지도 않는 것이 바로 부처다.

學道人, 祇怕一念有, 卽與道隔矣. 念念無相, 念念無爲, 卽是佛. 學道人, 若欲得成佛, 一切佛法, 總不用學, 唯學無求無着. 無求卽心不生, 無着卽心不滅, 不生不滅卽是佛.

팔만 사천 법문(法門)⁵⁷⁾은 팔만 사천의 번뇌(煩惱)에 대응하여 낸 것이니 다만 교화접인문(敎化接引門)⁵⁸⁾일 뿐이다.

본래 어떤 법도 없으니, 벗어나면 법이고, 벗어날 줄 아는 자가 부처다.

다만 모든 번뇌에서 벗어날 뿐, 얻을 법은 없다.

---

56) 불법(佛法) : 부처님이 말씀하신 교법(敎法). 부처님이 가르치신 진리.
57) 법문(法門) : 법은 가르침 즉 교법(敎法), 문은 드나든다는 뜻. 부처님의 교법은 중생으로 하여금 나고 죽는 고통 세계를 벗어나, 이상경(理想境)인 열반에 들게 하는 문이므로 이렇게 이름.
58) 교화접인문(敎化接引門) : 중생을 접촉하여 가르쳐서 부처로 변화시키는 쪽으로 인도하는 문.

八萬四千法門, 對八萬四千煩惱, 祇是敎化接引門. 本無一切法, 離卽是法, 知離者是佛. 但離一切煩惱, 是無法可得.

　도를 배우는 사람들이여, 만약 비결(秘訣)을 알고자 한다면, 다만 마음 위에 한 물건도 붙이지 마라.
　부처님의 참된 법신(法身)[59]은 허공(虛空)과 같다고 한다.
　이것은 법신이 곧 허공이고 허공이 곧 법신임을 깨우친 것이다.
　보통 사람들은 법신이 허공 속에 두루 퍼져 있고 허공이 법신을 품고 있다고 말하니, 법신이 곧 허공이고 허공이 곧 법신임을 알지 못하는 것이다.
　만약 결단코 허공이 있다고 말한다면, 허공은 법신이 아니다.
　만약 결단코 법신이 있다고 말한다면, 법신은 허공이 아니다.
　허공이라는 견해를 내지만 않으면, 허공이 곧 법신이다.
　법신이라는 견해를 내지만 않으면, 법신이 곧 허공이다.
　허공과 법신에는 다른 모습이 없다.
　부처와 중생에게는 다른 모습이 없다.

---

59) 법신(法身) : dharma-kāya. 3신(身)의 하나. 법은 진여(眞如), 법계의 이(理)와 일치한 부처님의 진신(眞身). 빛깔도 형상도 없는 본체신(本體身). 현실로 인간에 출현한 부처님 이상(以上)으로 영원한 불(佛)의 본체. 부처님이 말씀하신 교법, 혹은 부처님이 얻은 계(戒)·정(定)·혜(慧)·해탈(解脫)·해탈지견(解脫知見)을 법신이라 하기도 하나, 일반으로 대승(大乘)에서는 우주의 본체인 진여실상(眞如實相)을 법신이라 말한다.

생사윤회(生死輪迴)와 열반(涅槃)에는 다른 모습이 없다.

번뇌(煩惱)와 깨달음에는 다른 모습이 없다.

모든 모습을 벗어나면 곧 부처다.

學道人, 若欲得知要訣, 但莫於心上着一物. 言佛眞法身猶若虛空. 此是喻法身卽虛空, 虛空卽法身. 常人謂法身遍虛空處, 虛空中含容法身, 不知法身卽虛空, 虛空卽法身也. 若定言有虛空, 虛空不是法身. 若定言有法身, 法身不是虛空. 但莫作虛空解, 虛空卽法身. 莫作法身解, 法身卽虛空. 虛空與法身無異相. 佛與衆生無異相. 生死與涅槃無異相. 煩惱與菩提無異相. 離一切相卽是佛.

범부는 경계를 취하고 도인(道人)은 마음을 취하지만, 마음과 경계를 모두 잊어야 참된 법이다.

경계를 잊기는 오히려 쉬우나 마음을 잊기는 매우 어렵다.

사람이 마음을 잊지 못하는 까닭은 공(空)에 떨어져서 더듬어 찾을[60] 것이 없을까 봐 두려워하기 때문인데, 이들은 공(空)에는 본래 공(空)이라 할 것이 없고 하나뿐인 참된 법계(法界)[61]임을 알지 못한다.

이 신령스런 깨달음의 자성(自性)은 애초부터 허공과 같은 수명

---

60) 노모(撈摸) : (물 속에서 물건을) 더듬어 찾다.
61) 법계(法界) : 법(法) 즉 삼라만상의 세계. 우주를 가리킴.

(壽命)으로서, 생겨난 적도 없고 사라진 적도 없고, 있었던 적도 없고 없었던 적도 없고, 더러웠던 적도 없고 깨끗했던 적도 없고, 시끄러웠던 적도 없고 고요했던 적도 없고, 젊었던 적도 없고 늙었던 적도 없다.

방향과 장소가 없고, 안과 밖이 없고, 수량도 없고 모습도 없고, 색깔도 없고 소리도 없고, 찾을 수도 없고 구할 수도 없고, 지혜(智慧)로써 알 수도 없고, 언어로써 나타낼 수도 없고, 경계와 사물로 이해할 수도 없고, 노력으로 도달할 수도 없다.

凡夫取境, 道人取心, 心境雙忘, 乃是眞法. 忘境猶易, 忘心至難. 人不敢忘心, 恐落空無撈摸處, 不知空本無空, 唯一眞法界耳. 此靈覺性, 無始已來, 與虛空同壽, 未曾生未曾滅, 未曾有未曾無, 未曾穢未曾淨, 未曾喧未曾寂, 未曾少未曾老. 無方所無內外, 無數量無形相, 無色象無音聲, 不可覓不可求, 不可以智慧識, 不可以言語取, 不可以境物會, 不可以功用到.

모든 부처와 보살과 모든 중생이 이 커다란 열반의 자성을 함께 가지고 있다.

자성이 곧 마음이고, 마음이 곧 부처이고, 부처가 곧 법(法)이다.

한 순간 진실에서 벗어나면 모두가 망상(妄想)이니, 마음을 가지고 다시 마음을 구할 수 없고, 부처를 가지고 다시 부처를 구할 수 없고, 법을 가지고 다시 법을 구할 수 없다.

그러므로 도를 배우는 사람은 즉시[62] 마음 없이 묵묵히 계합(契

合)할 뿐, 마음을 내려 하면[63] 곧 어긋난다.

　마음으로써 마음을 전하는 이것이 바른 견해이니, 삼가 밖으로 경계를 좇고 경계를 알아차려 마음이라고 여기지 마라. 이것은 도둑을 자식으로 여기는 짓이니라.

　諸佛菩薩與一切蠢動含靈, 同此大涅槃性. 性卽是心, 心卽是佛, 佛卽是法. 一念離眞, 皆爲妄想, 不可以心更求於心, 不可以佛更求於佛, 不可以法更求於法. 故學道人直下無心, 默契而已, 擬心卽差. 以心傳心, 此爲正見, 愼勿向外逐境認境爲心. 是認賊爲子.

　탐진치(貪瞋癡)[64]가 있기 때문에 계정혜(戒定慧)[65]를 세우니, 본래 번뇌가 없다면 어찌 깨달음이 있겠느냐?
　그러므로 조사(祖師)가 말했다.
　'부처님께서 모든 법을 말씀하신 것은 모든 마음을 없애려 하셨기 때문이다. 나에게는 어떤 마음도 없으니, 모든 법이 무슨 소용

---

62) 직하(直下) : 바로. 즉시.
63) 의심(擬心) : ①마음으로 헤아리다. ②마음을 내어 －하려 하다.
64) 탐진치(貪瞋癡) : 삼독(三毒). 탐욕(貪欲; 욕심)·진에(瞋恚; 분노)·우치(愚癡; 어리석음) 셋은 중생을 해롭게 하는 악의 근원이다. 삼불선근(三不善根), 삼화(三火), 삼구(三垢)라고도 한다.
65) 계정혜(戒定慧) : 삼학(三學). 불교에서 깨달음에 이르고자 수행하는 사람이 반드시 닦아야 하는 3가지 항목. 계(戒)·정(定)·혜(慧) 세 항목은 불교 수행의 모든 면을 포괄한다. 얕은 분야에서 깊은 분야로 순서대로 열거하면, 몸과 말과 생각으

이 있으랴?[66]

본래 깨끗한 부처 위에 다시 한 물건을 붙이지 마라.

비유하면 허공을 비록 헤아릴 수 없이 값진 보배로써 장식하더라도 결코 놓아둘 곳이 없듯이, 불성(佛性)도 허공과 같아서 헤아릴 수 없는 공덕(功德)과 지혜로써 장식하더라도 결코 놓아둘 곳이 없다.

다만 본성(本性)에 어두운 까닭에 더욱 보지 못할 뿐이다.

爲有貪瞋癡, 卽立戒定慧, 本無煩惱, 焉有菩提. 故祖師云: '佛說一切法, 爲除一切心. 我無一切心, 何用一切法?' 本源淸淨佛上, 更不着一物. 譬如虛空, 雖以無量珍寶莊嚴, 終不能住, 佛性同虛空, 雖以無量功德智慧莊嚴, 終不能住. 但迷本性, 轉不見耳.

이른바 심지법문(心地法門)이라고 하는 것은 만법(萬法)[67]이 모두 이 마음에 의지하여 세워진다는 것이다.

로 범하는 나쁜 짓을 방지하고 덕행을 실천하는 계학(戒學), 선정(禪定)을 닦아 마음의 흔들림을 그쳐 고요하고 평안한 경지에 이르게 하는 정학(定學), 번뇌 없이 평정된 마음에서 진리를 있는 그대로 보도록 하는 혜학(慧學)이다. 계정혜(戒定慧)라고도 불리는 삼학의 상호관계는 서로 보완적이어서 계율을 실천하는 것은 선정에 도움이 되고 선정은 진리를 바로 보는 데 도움이 된다.

66) 이 말을 한 조사가 누구인지 알 수 없다.
67) 만법(萬法) := 제법(諸法). 색(色)과 심(心)에 걸쳐 차별되는 모든 법. 삼라만상과 같음.

경계를 만나면 마음이 있고, 경계가 없으면 마음도 없다.

따라서 깨끗한 자성 위에 도리어 경계라는 견해를 만들지 말아야 한다.

이른바 정혜(定慧)가 비추어 작용하니 또렷하고 고요하고 맑게 깨어서 보고·듣고·느끼고·안다고 하는 것은 모두 경계 위에서 견해를 낸 것이다.

이런 말은 잠시 중하(中下)의 근기를 가진 사람을 위하여 말할 수는 있으나, 만약 직접 깨닫고자 한다면, 절대로 이런 견해를 내어서는 안 된다.

이러한 견해는 모두 경계의 법이니 사라지는 곳이 있는데, 사라짐은 바탕이 있기 때문이다.

다만 모든 법에서 있다거나 없다는 견해를 내지 않으면, 곧 법을 보는 것이다."

所謂心地法門, 萬法皆依此心建立. 遇境卽有, 無境卽無. 不可於淨性上轉作境解. 所言定慧鑑用歷歷寂寂惺惺見聞覺知, 皆是境上作解. 暫爲中下根人說卽得, 若欲親證, 皆不可作如此見解. 盡是境法, 有沒處, 沒於有地. 但於一切法, 不作有無見, 卽見法也."

2. 두 번째 법문

9월 1일 황벽 선사가 배휴에게 말했다.

"달마대사(達摩大師)[68]가 중국에 온 이래 오직 한 개 마음을 말하고 오직 한 개 법을 전하였다.

부처를 가지고 부처를 전하여 다른 부처를 말하지 않았고, 법을 가지고 법을 전하여 다른 법을 말하지 않았다.

법은 말할 수 없는 법이고, 부처는 취할 수 없는 부처이니, 곧 본래의 깨끗한 마음이다.

오직 이 하나의 일이 진실(眞實)이고, 나머지 둘이라면 진실이

---

[68] 달마대사(達摩大師) : 보리달마(菩提達磨, Bodhidharma). ?-528. 중국 선종의 초조(初祖). 서천 28조의 제28. 남인도 향지국왕의 셋째 아들. 본명은 보리다라였으나, 뒤에 보리달마로 고쳤다. 처음 반야다라에게 도를 배우며, 40년 동안 섬기다가 반야다라가 죽은 뒤에 본국에서 크게 교화하여 당시 성행하던 소승선관(小乘禪觀)의 6종(宗)을 굴복시켜 이름이 인도에 퍼졌다. 뒤에 그의 조카 이견왕(異見王)을 교화하였다. 배를 타고 중국으로 향하여 520년(양나라 보통 1) 9월에 광주 남해군에 이르렀다. 10월에 광주 자사 소앙의 소개로 금릉(金陵)에 가서 궁중에서 양무제(梁武帝)와 문답하였으나 무제는 달마의 말을 알아듣지 못했다. 낙양으로 가서 숭산 소림사에 머물면서 사람들을 만나지 않았기 때문에 세상에서는 그를 벽관바라문(壁觀婆羅門)이라 불렀다. 이락(伊洛)에 있던 신광(神光)이 달마의 풍성을 사모하고 찾아와 밤새도록 눈을 맞고 밖에 섰다가 팔을 끊어 구도(求道)의 정성을 표하니 드디어 곁에서 시봉하도록 허락하고, 혜가(慧可)라 이름을 지어 주었다. 소림사에서 9년 동안 있다가 혜가에게 종지(宗旨)와 신표로서 가사(袈裟)·발우(鉢盂) 및 『능가경』을 전하고, 우문(禹門)의 천성사로 갔다가 영안 1년 10월 5일에 죽었다. 당나라 대종(代宗)이 원각대사(圓覺大師)라고 시호(諡號)하였다.

아니다.[69]

반야(般若)[70]는 지혜이니, 이 지혜가 곧 모습 없는 본래 마음이다.

九月一日師謂休曰:"自達摩大師到中國, 唯說一心, 唯傳一法. 以佛傳佛, 不說餘佛, 以法傳法, 不說餘法. 法卽不可說之法, 佛卽不可取之佛, 乃是本源淸淨心也. 唯此一事實, 餘二則非眞. 般若爲慧, 此慧卽無相本心也.

범부(凡夫)는 도(道)[71]에 이르지 못하고, 오직 육정(六情)[72]에 내맡겨 육도(六道)[73]를 따라간다.

도를 배우는 사람이 한 순간이라도 삶과 죽음을 헤아리면 마귀(魔鬼)의 길에 떨어지고, 한 순간 여러 견해를 일으키면 외도(外道)에 떨어지고, 생겨남이 있다고 보아 그 사라짐으로 나아간다면 성문(聲聞)의 길에 떨어지고, 생겨남이 있다고 보지 않고 오직 사라

---

69) 『묘법연화경』「방편품」제2에 나오는 게송의 한 구절.
70) 반야(般若) : prajñā. 지혜(智慧)라 번역. 깨달음의 지혜이니 곧 깨달음이다.
71) 도(道) : ①깨달음. 보리(菩提). 범어 bodhi의 번역. ②깨달음의 길. 팔정도(八正道). 도제(道諦). mārga의 번역.
72) 육정(六情) : 눈(眼)·귀(耳)·코(鼻)·혀(舌)·살갗(身)·의식(意) 등 육근(六根)을 말함. 구역(舊譯)의 경론(經論)에서는 흔히 육근(六根)을 육정(六情)이라 함. 근에는 정식(情識)이 있는 까닭. 의근(意根)은 심법(心法)이므로 그 당체를 이름한 것. 다른 5근은 정식을 내는 것이므로 소행(所生)의 과에 따라 이름한 것.
73) 육도(六道) : 중생의 업인(業因)에 따라 윤회하는 길을 6으로 나눈 것. 지옥도(地獄道)·아귀도(餓鬼道)·축생도(畜生道)·아수라도(阿修羅道)·인간도(人間道)·천상도(天上道).

짐이 있다고 본다면 연각(緣覺)⁷⁴⁾의 길에 떨어진다.

법은 본래 생겨나지 않으며, 지금에도 사라지지 않는다.

두 견해를 일으키지 않으면, 싫어하지도 않고 좋아하지도 않는다.

凡夫不趣道, 唯恣六情, 乃行六道. 學道人一念計生死, 卽落魔道, 一念起諸見, 卽落外道, 見有生趣其滅, 卽落聲聞道, 不見有生, 唯見有滅, 卽落緣覺道. 法本不生, 今亦無滅. 不起二見, 不厭不忻.

모든 법은 오직 한 개 마음이고, 그 뒤에 불승(佛乘)⁷⁵⁾이 된다.

범부는 모두 경계를 좇아서 마음을 내니, 마음이 좋아하거나 싫어하게 된다.

만약 경계가 없기를 바란다면, 마땅히 그 마음을 잊어야 한다.

마음이 잊혀지면 경계가 비게 되고, 경계가 비면 마음은 사라진다.

만약 마음을 잊지 못하고 경계만 제거하려 한다면, 경계는 제거

---

74) 연각(緣覺) : pratyeka-buddha. 벽지불(僻支佛)이라 음역. 부처님의 교화에 의하지 않고 홀로 깨달아 자유경(自由境)에 도달한 성자. 독각(獨覺)이라고도 함. 연각(緣覺)·인연각(因緣覺)이라 하는 것은 12인연의 이치를 관찰하여 홀로 깨달았다는 뜻. 성문(聲聞)과 함께 소승(小乘)을 대표하는 수행자.

75) 불승(佛乘) : 승(乘)은 실어 옮긴다는 뜻. 중생들을 싣고 깨달음의 결과에 이르게 하는 가르침. 부처님이 말씀하신 교법(敎法)을 가리키는 말.

될 수 없고 도리어 더욱 시끄럽게 나타난다.

그러므로 모든 것이 다만 마음이지만, 마음이라고 할 만한 것은 없으니, 다시 무엇을 구하겠는가?

一切諸法唯是一心, 然後乃爲佛乘也. 凡夫皆逐境生心, 心遂忻厭. 若欲無境, 當忘其心. 心忘卽境空, 境空卽心滅. 若不忘心而但除境, 境不可除祇益紛擾. 故萬法唯心, 心亦不可得, 復何求哉.

반야(般若)를 배우는 사람은 얻을 수 있는 한 법도 있음을 보지 않고, 삼승(三乘)에 대한 뜻을 끊는다.

오직 하나인 진실은 밝힐 수도 얻을 수도 없다.

내가 밝힐 수 있다 얻을 수 있다라고 한다면, 모두 증상만인(增上慢人)[76]이다.

법화(法華)의 회상(會上)에서 소매를 털고 나간 자들[77]은 모두

---

76) 증상만인(增上慢人) : =증상만(增上慢). 훌륭한 교법(敎法)과 깨달음을 얻지 못하고서 얻었다고 생각하여 제가 잘난 체 하는 거만함. 분별하고 이해하여 개념으로 불법을 아는 사람을 가리킴.

77) 『묘법연화경(妙法蓮華經)』「방편품(方便品) 제2」에 다음의 내용이 있다 : 그때 세존이 사리불에게 말씀하셨다. "그대가 이미 간절히 세 번 청하였으니, 어찌 말하지 않을 수 있겠느냐? 그대는 이제 잘 듣고서, 잘 생각해 보아라. 내가 이제 그대를 위하여 분별하여 설명하겠다." 이 말씀을 하셨을 때 모임 속에 있던 비구·비구니·우바새·우바이 5천여 명은 곧 자리에서 일어나 부처님께 절을 하고는 물러가 버렸다. 까닭이 무엇일까? 이 무리들은 죄의 뿌리가 깊고 무거운 증상만(增上慢)이었기 때문에, 얻지 못했으면서 얻었다고 여기고 밝히지 못했으면서 밝혔다고

이러한 무리들이다.

그러므로 부처님이 말씀하시길 '나는 깨달음에서 참으로 얻은 것이 없다.'[78]라고 하였으니, 묵묵히 계합(契合)할 뿐이다.

學般若人, 不見有一法可得, 絶意三乘. 唯一眞實, 不可證得. 謂我能證能得, 皆增上慢人. 法華會上拂衣而去者, 皆斯徒也. 故佛言: '我於菩提實無所得.' 黙契而已.

범부(凡夫)들은 죽음이 다가왔을 때 다만 오온(五蘊)이 모두 공(空)이고, 사대(四大)에는 자기 자신이라고 할 것이 없음을 관찰할 뿐이다.

참 마음은 모습이 없으며, 가지도 않고 오지도 않는다.

여겼기 때문이다. 이와 같은 잘못이 있었기 때문에 머물지 아니하였으니, 세존께서도 말없이 계시면서 그들을 제지하지 않으셨다.(爾時世尊告舍利弗: "汝已慇懃三請, 豈得不說? 汝今諦聽, 善思念之. 吾當爲汝分別解說." 說此語時, 會中有比丘比丘尼優婆塞優婆夷五千人等, 卽從座起禮佛而退. 所以者何? 此輩罪根深重及增上慢, 未得謂得, 未證謂證. 有如此失, 是以不住, 世尊黙然而不制止.)

78) 구마라집 역『금강경』「무법가득분(無法可得分)」에 다음의 구절이 있다 : 수보리가 부처님께 아뢰었다. "세존이시여, 그렇게 얻은 위없이 바르고 평등한 깨달음에서 얻은 것이 없었습니까?" "그렇다, 그렇다, 수보리여. 나는 위없이 바르고 평등한 깨달음에서 조그마한 법도 얻은 것이 없었는데, 이것을 이름하여 위없이 바르고 평등한 깨달음이라고 한다."(須菩提, 白佛言: "世尊, 那得阿耨多羅三藐三菩提, 爲無所得耶?" 如是如是, 須菩提. 我於阿耨多羅三藐三菩提, 乃至無有少法可得, 是名阿耨多羅三藐三菩提.)

태어날 때 자성(自性)이 오는 것도 아니고, 죽을 때 자성이 가는 것도 아니다.

맑고 두루 고요하여 마음과 경계가 한결같다.

다만 이와 같을 수만 있다면 즉시 깨달아서 삼세(三世)[79]에 속박되지 않게 되어 곧 세간을 떠난 사람이다.

절대로 털끝만큼이라도 향하여 다가가려고[80] 하지 말라.

만약 온갖 부처님이 마중을 나오는 등 여러 종류의 좋은 모습이 나타남을 보더라도, 역시 따라가려는 마음이 없다.

만약 여러 종류의 나쁜 모습이 나타남을 보더라도, 역시 두려워하는 마음이 없다.

다만 스스로 마음을 잊기만 하면, 법계(法界)와 같아져서 곧장 자재(自在)함을 얻는다.

이것이 바로 요점이다.

凡人臨欲終時, 但觀五蘊皆空, 四大無我, 眞心無相, 不去不來. 生時性亦不來, 死時性亦不去. 湛然圓寂, 心境一如. 但能如是直下頓了, 不爲三

---

79) 삼세(三世) : 과거 · 현재 · 미래. 또는 전세(前世) · 현세(現世) · 내세(來世), 전제(前際) · 중제(中際) · 후제(後際). 세(世)는 따로 떨어진다는 격별(隔別)과 바뀌어 흐른다는 천류(遷流)의 뜻이 있다.

80) 취향(趣向) : ①향하여 다가가다. ②하고 싶은 마음이 생기는 방향. 또는 그런 경향. 의향. 지향. ③취미. 흥미. ④행방. 가는 방향. ⑤경로나 수단. ⑥마음이 그 쪽으로 기울어지다.

世所拘繫, 便是出世人也. 切不得有分毫趣向. 若見善相諸佛來迎及種種現前, 亦無心隨去. 若見惡相種種現前, 亦無心怖畏. 但自忘心, 同於法界, 便得自在. 此卽是要節也.

3. 세 번째 법문

10월 8일에 황벽 선사가 배휴에게 말했다.

"화성(化城)[81]이라는 것은 이승(二乘)[82]과 십지(十地)와 등각(等覺)·묘각(妙覺)[83]이니 이들은 모두 방편으로 세워져서 중생을 교화하여 이끌기 위한 가르침이므로 모두가 화성(化城)이 된다. 보배가 있는 곳이라는 것은 참 마음이요 본래 부처이니 자성(自性)이라는 보배다.

이 보배는 분별심[84]으로 헤아림에 속하지도 않고, 만들어 세울 수도 없으며, 부처도 아니고 중생도 아니며, 주관도 아니고 객관도 아니다.

---

81) 화성(化城) : 법화 7유의 하나인 화성유(化城喩)에 나오는 말로서, 환상으로 만든 성이라는 말. 여러 사람이 보배 있는 곳을 찾아가다가 그 길이 험악하여 사람들이 피로해 하므로, 그때 길잡이하던 사람이 꾀를 내어 신통력으로 임시로 큰 성을 나타내서 여기가 보배 있는 곳이라 하니, 여러 사람은 대단히 기뻐하여 이 변화하여 만든 성(化城)에서 쉬었다. 길잡이는 여러 사람의 피로가 회복된 것을 보고는 화성을 없애 버리고, 다시 참으로 보배 있는 곳에 이르게 하였다 한다. 화성은 방편교의 깨달음에, 보배 있는 곳은 진실교의 깨달음에 비유한 것으로 『법화경』제3권에 나온다.
82) 이승(二乘) : 성문승(聲聞乘)과 연각승(緣覺乘). 소승(小乘)을 가리킴.
83) 등각묘각(等覺妙覺) : 보살수행의 52계위 가운데서 51위와 52위를 가리킨다. 등각(等覺)은 십지(十地) 법운지(法雲地) 위에 있으며, 묘각(妙覺)은 온갖 번뇌를 끊어 버린 부처님의 자리인 불과(佛果)를 말한다. 등각위(等覺位)에 있는 보살이 다시 1품의 무명을 끊고 묘각위에 들어간다.
84) 정식(情識) : 감정과 의식을 통한 분별(分別). 미망심(迷妄心). 중생심. 분별심.

어느 곳에 성이 있는가? 만약 이렇게 묻는다면, 이미 화성(化城)이다.

어느 곳이 보배 있는 곳인가? 보배는 가리킬 수 없다. 가리킨다면 방향과 장소가 있으니, 참된 보배가 아니다.

그러므로 말한다. '가까이 있지만, 확실히 헤아려 말할 수는 없다. 다만 직접 체험하여 계합하면 된다.'

十月八日師謂休曰: "言化城者, 二乘及十地等覺妙覺, 皆是權立接引之敎, 並爲化城. 言寶所者, 乃眞心本佛自性之寶. 此寶不屬情量, 不可建立, 無佛無衆生, 無能無所. 何處有城? 若問此, 旣是化城. 何處爲寶所? 寶所不可指. 指卽有方所, 非眞寶所也. 故云: '在近而已, 不可定量言之. 但當體會契之卽是.'

천제(闡提)[85]라고 하는 것은 믿음을 갖추지 못한 것이다. 육도(六道)에 윤회하는 모든 중생과 이승(二乘)은 불과(佛果)가 있음을 믿지 않으니, 모두 선근(善根)[86]을 끊은 천제라고 일컫는다.

보살이라고 하는 것은 불법(佛法)이 있음을 깊이 믿고서 대승(大

---

85) 천제(闡提) : 일천제(一闡提)라고도 한다. Icchantika의 음사. 번역하여 단선근(斷善根)·신불구족(信不具足). 성불할 가망이 없다는 사람.
86) 선근(善根) : 깨달음을 가져오는 좋은 원인. ①좋은 결과를 가져올 좋은 원인이란 뜻. 선행(善行)을 나무의 뿌리에 비유한 것. 착한 행업의 공덕 선근을 심으면 반드시 선과(善果)를 맺는다 함. ②온갖 선을 내는 근본이란 뜻. 무탐(無貪)·무진(無瞋)·무치(無癡)를 3선근이라 일컬음과 같은 것.

乘)·소승(小乘)이 있다고 보지 않고 부처와 중생이 동일한 법성(法性)[87]임을 아니, 이에 곧 선근(善根)의 천제라고 일컫는다.

대체로 가르침의 말씀을 듣고서 깨달은 자를 일러 성문(聲聞)이라 하고, 인연(因緣)을 관찰하여 깨달은 자를 일러 연각(緣覺)이라고 한다.

言闡提者, 信不具也. 一切六道衆生, 乃至二乘, 不信有佛果, 皆謂之斷善根闡提. 菩薩者, 深信有佛法, 不見有大乘小乘, 佛與衆生同一法性, 乃謂之善根闡提. 大抵因聲敎而悟者, 謂之聲聞, 觀因緣而悟者, 謂之緣覺.

만약 자기 마음속에서 깨닫지 못하면, 비록 성불(成佛)하였다고 하여도, 역시 성문불(聲聞佛)이라고 일컫는다.

도를 배우는 사람들이 흔히 교법(敎法)[88]에서는 깨달으나 마음에서는 깨닫지 못하니, 비록 무한한 세월을 수행한다고 하더라도 마침내 본래 부처가 아니다.

만약 마음에서 깨닫지 못하고 교법 위에서 깨닫는다면, 마음을 가벼이 여기고 법을 중하게 여길 것이니, 결국 흙덩이만 뒤쫓으면서 본래 마음은 잊게 된다.

---

87) 법성(法性) : Dharmatā. 항상 변하지 않는 법의 법다운 성(性). 모든 법의 체성(體性). 곧 만유의 본체. 진여(眞如)·실상(實相)·법계(法界) 등이라고도 함.
88) 교법(敎法) : 부처님이 말씀하신 가르침. 가르침의 말씀. 곧 삼장십이부(三藏十二部)의 대소승(大小乘) 경전(經典).

그러므로 다만 본래 마음에 계합할 뿐 법을 구할 필요가 없으니, 마음이 곧 법이기 때문이다.

若不向自心中悟, 雖至成佛, 亦謂之聲聞佛. 學道人多於敎法上悟, 不於心法上悟, 雖歷劫修行, 終不是本佛. 若不於心悟, 乃至於敎法上悟, 卽輕心重敎, 遂成逐塊, 忘於本心. 故但契本心, 不用求法, 心卽法也.

보통 사람들은 흔히 경계가 마음을 가로막고 현실이 도리를 가로막는다고 여겨서, 늘 경계를 피하여 마음을 안정시키려 하고, 현실을 물리치고 도리를 보존하려고 하니, 마음이 경계를 가로막고 도리가 현실을 가로막는 줄을 알지 못한다.

다만 마음을 비게 하기만 하면 경계는 저절로 비어지고, 도리를 고요하게 하기만 하면 현실은 저절로 고요해지니, 마음을 거꾸로 쓰지 말라.

보통 사람들은 흔히 기꺼이 마음을 비우지 못하고 공(空)에 떨어질까 봐 두려워하니, 자기 마음이 본래 공(空)인 줄 알지 못한다.

어리석은 사람은 현실을 제거하고 마음은 제거하지 않으며, 지혜로운 사람은 마음을 제거하고 현실을 제거하지는 않는다.

凡人多爲境礙心, 事礙理, 常欲逃境以安心, 屛事以存理, 不知乃是心礙境, 理礙事. 但令心空境自空, 但令理寂事自寂, 勿倒用心也. 凡人多不肯空心, 恐落於空, 不知自心本空. 愚人除事不除心, 智者除心不除事.

보살의 마음은 허공과 같아서 모든 것을 전부 버리니, 지은 복덕(福德)에도 전혀 탐착하지 않는다.

그러나 버림에도 세 등급이 있다.

안팎의 몸과 마음을 모두 버려서 허공처럼 취할 것이 없게 된 연후에 인연 따라 사물과 만남에 주관과 객관을 모두 잊는 것이 크게 버림이다.

만약 한편으로는 도덕(道德)을 행하면서 한편으로는 내버려서 바라는 마음이 없다면, 이것은 중간 버림이다.

만약 여러 가지 선행(善行)을 두루 닦으면서 바라는 바가 있으면서도 법문을 듣고서 공(空)을 알아 이윽고 집착하지 않는다면, 이것은 작은 버림이다.

크게 버림은 마치 불꽃이 앞에 있는 것과 같아서 다시는 미혹과 깨달음의 차별이 없으며, 중간 버림은 마치 불꽃이 곁에 있는 것과 같아서 밝기도 하고 어둡기도 하며, 작게 버림은 마치 불꽃이 등 뒤에 있는 것과 같아서 발 앞에 구덩이나 함정이 있어도 보지 못한다.

그러므로 보살의 마음은 허공과 같아서 모든 것을 다 버린다.

과거의 마음을 얻을 수 없는 것이 곧 과거를 버리는 것이고, 현재의 마음을 얻을 수 없는 것이 곧 현재를 버리는 것이고, 미래의 마음을 얻을 수 없는 것이 곧 미래를 버리는 것이니, 이른바 삼세(三世)를 모두 버리는 것이다.

菩薩心如虛空, 一切俱捨, 所作福德皆不貪着. 然捨有三等. 內外身心一切俱捨. 猶如虛空無所取着, 然後隨方應物, 能所皆忘, 是爲大捨. 若一邊行道布德, 一邊旋捨, 無希望心, 是爲中捨. 若廣修衆善, 有所希望, 聞法知空, 遂乃不着, 是爲小捨. 大捨如火燭在前, 更無迷悟, 中捨如火燭在傍, 或明或暗, 小捨如火燭在後, 不見坑阱. 故菩薩心如虛空, 一切俱捨. 過去心不可得, 是過去捨, 現在心不可得, 是現在捨, 未來心不可得, 是未來捨, 所謂三世俱捨.

여래께서 가섭(迦葉)에게 법을 부촉한 이래 마음으로써 마음에 도장을 찍어 마음과 마음이 다르지 않았다.[89]

허공에 도장을 찍으면 도장의 무늬가 나타나지 않고, 사물에 도장을 찍으면 도장은 법이 되지 않는다.

그러므로 마음으로써 마음에 도장을 찍어 마음과 마음이 다르지 않으니, 도장을 찍는 것과 도장이 찍히는 것에 모두 일치하기[90] 어렵다.

그러므로 얻는 자가 적다.

그러나 마음이라면 마음 없음이고, 얻는다면 얻음 없음이다.

自如來付法迦葉已來, 以心印心, 心心不異. 印着空卽印不成文, 印着物卽印不成法. 故以心印心, 心心不異, 能印所印, 俱難契會. 故得者少. 然心

---

89) 조사선(祖師禪)은 석가모니(釋迦牟尼)가 마하가섭(摩訶迦葉)에게 세 곳에서 이심전심(以心傳心)으로 법을 전하여 마하가섭이 제1대 조사(祖師)가 된 이래, 인도에서 28대를 거쳐 보리달마(菩提達摩)에 이르고, 보리달마가 중국에 전하여 중국의 제6조 혜능(慧能)에 이르기까지 총 33대 조사들이 이심전심으로 법을 전해 왔다고 한다.
90) 계회(契會): =계합(契合). ①부합하다. 일치하다. ②진리에 부합하다. 깨닫다.

卽無心, 得卽無得.

부처에게는 세 몸이 있다.
법신(法身)은 자성(自性)이 텅 비어 걸림 없이 통하는 법을 말한다.
보신(報身)[91]은 모든 깨끗한 법을 말한다.
화신(化身)[92]은 육도만행(六度萬行)의 법을 말한다.
법신이 법을 말함에 언어·음성·형상·문자로써 구할 수 없다.
말할 것도 없고 깨달을 것도 없고, 자성(自性)이 텅 비어 걸림 없이 통할 뿐이다.
그러므로 말하기를 '말할 만한 법이 없으니, 이것을 일러 법을 말한다고 한다.'[93]라고 하였다.

---

91) 보신(報身) : Saṃbhoga-kāya 3신(身)의 하나. 인위(因位)에서 지은 한량없는 원과 행의 과보로 나타난 만덕이 원만한 불신. 보통 2종으로 나누어, 자기만이 증득한 법열(法悅)을 느끼고 다른 이와 함께 하지 않는 자수용보신(自受用報身)과, 다른 이도 같이 이 법열을 받을 수 있는 몸을 나타내어 중생을 제도하는 타수용보신(他受用報身)으로 함.

92) 화신(化身) : nirmāṇa-kāya 변화신(變化身). ①3신의 하나. 각 취(趣)의 중생들에게 알맞은 대상으로 화현(化現)하는 것. 부처님 형상이 아닌 용(龍)·귀(鬼) 등으로 나타내는 몸. ②3신의 하나. 없다가 홀연히 나타내는 형상. 근기에 응하여 홀연히 화현한 부처님 형상. ③구족하게는 변화신(變化身). 3신의 하나. 중생들을 구제하기 위하여 부처님이 스스로 변현(變現)하여 중생의 모습이 되는 것. 석가가 중생을 구제하기 위해서 여러 모습으로 이 세상에 나타난 일이다. 응신(應身)이라고도 한다. 불보살이 중생을 교화하기 위하여, 여섯 갈래 중생들에게 보이기 위하여 신통력으로 상대자에게 적당하게 변화하여 나타내는 몸을 말한다.

93) 『금강경』「비설소설분(非說所說分)」에 나오는 구절.

보신과 화신은 모두 때에 따라 감응(感應)하여 나타나고, 말하는 법도 사정(事情)에 따르고 근기(根機)[94]에 맞추어 끌어들여 가르쳐 변화시키기[95] 때문에 모두 참된 법이 아니다.

그러므로 말하기를 '보신과 화신은 참 부처가 아니고, 또한 법을 말하는 자도 아니다.'[96]라고 하였다.

佛有三身. 法身說自性虛通法. 報身說一切淸淨法. 化身說六度萬行法.

---

94) 근기(根機) : 근(根)은 물건의 근본되는 힘. 기(機)는 발동하는 뜻. 가르침을 듣고 깨달음을 얻는 능력, 곧 가르침에 대한 믿음의 깊이를 말함.
95) 섭화(攝化) : 중생을 끌어들여 가르쳐 변화시키다.
96) 이 구절은 천친(天親)이 짓고 보리류지(菩提流支)가 번역한 『금강반야바라밀경론(金剛般若波羅蜜經論)』 상권(上卷)에서 『금강경』의 "다시 부처님께서 수보리에게 말씀하셨다. '수보리야, 어떻게 생각하느냐? 여래는 위없이 바르고 평등한 깨달음을 얻었느냐? 여래에게는 말할 만한 법이 있느냐?' 수보리가 말했다. '부처님께서 말씀하신 뜻을 제가 이해한 바에 따르면, 여래께서 위없이 바르고 평등한 깨달음을 얻었다는 정해진 법은 없고, 또 여래께서 말씀하실 만한 정해진 법도 없습니다. 왜 그럴까요? 여래께서 말씀하시는 법은 모두 취할 수도 없고 말할 수도 없으며, 법도 아니고 법 아닌 것도 아니기 때문입니다. 왜 그럴까요? 모든 성인(聖人)들은 전부 무위법(無爲法) 때문에 성인이라는 이름을 얻었기 때문입니다.'"(復次佛告慧命須菩提: '須菩提, 於意云何? 如來得阿耨多羅三藐三菩提耶? 如來有所說法耶?' 須菩提言: '如我解佛所說義, 無有定法如來得阿耨多羅三藐三菩提, 亦無有定法如來可說. 何以故? 如來所說法, 皆不可取不可說, 非法非非法. 何以故? 一切聖人皆以無爲法得名.)라는 부분에 대한 천친의 논(論) 가운데 나오는 게송의 일부이다. 전체 게송은 "응신(應身)과 화신(化身)은 참 부처가 아니고, 또한 법을 말하는 자도 아니다. 법을 말하면 둘로 나누어 취하지 않으며, 말하지 않으면 언어의 모습을 떠난다."(應化非眞佛, 亦非說法者. 說法不二取, 無說離言相.)이다. 응신(應身)은 보신(報身)과 같다.

法身說法, 不可以言語音聲形相文字而求. 無所說, 無所證, 自性虛通而已. 故曰:'無法可說, 是名說法.'報身化身皆隨機感現, 所說法亦隨事應根以爲攝化, 皆非眞法. 故曰:'報化非眞佛, 亦非說法者.'

같다고 하는 것은 하나의 정명(精明)[97]이 나뉘어 여섯의 화합(和合)이 된다.

하나의 정명은 하나의 마음이고, 여섯의 화합은 육근(六根)이다.

이 육근이 각각 경계와 합하니, 눈은 색깔과 합하고, 귀는 소리와 합하고, 코는 냄새와 합하고, 혀는 맛과 합하고, 몸은 감촉과 합하고, 의식(意識)은 만법(萬法)과 합한다.

그리하여 그들 사이에 육식(六識)이 생기니, 모두 더하여 십팔계(十八界)가 된다.

만약 십팔계가 있지 않고 여섯 화합이 모두 하나의 정명임을 밝힌다면, 하나의 정명은 곧 마음이다.

도를 배우는 사람이 모두 이것을 알면서도, 다만 하나의 정명이 여섯의 화합이라는 견해(見解)를 벗어나지 못하니, 그들 법에 얽매여서 본래 마음에 일치하지 못하는 것이다.

所言同是一精明分爲六和合. 一精明者一心也, 六和合者六根也. 此六根各與塵合, 眼與色合, 耳與聲合, 鼻與香合, 舌與味合, 身與觸合, 意與法合.

---

97) 정명(精明) : 맑고 깨끗함. 총명함. 밝음. 마음을 상징하는 말.

中間生六識, 爲十八界. 若了十八界無所有, 束六和合爲一精明, 一精明者
卽心也. 學道人皆知此, 但不能免作一精明六和合解, 遂被法縛, 不契本心.

여래께서 세상에 나타나셔서 일승(一乘)⁹⁸⁾의 진법(眞法)만 말씀
하려 하셨다면, 중생들은 믿지 않고 여래의 법을 비방하여 고통의
바다에 빠졌을 것이다.

만약 전혀 말씀하시지 않는다면, 중생들은 탐욕에 떨어질 것이
니, 중생을 위하지 않는 것이고 묘한 도(道)를 가벼이 버리는 것
이다.

그리하여 드디어 방편(方便)을 만들어 삼승(三乘)이 있다고 말씀
하셨으니, 승(乘)⁹⁹⁾에는 작고 큼이 있고 얕음에도 얕고 깊음이 있
으나, 모두 본래의 법은 아니다.

그러므로 '오직 일승(一乘)의 도(道)가 있을 뿐이니, 나머지 둘이
라면 진실이 아니다.'¹⁰⁰⁾라고 한 것이다.

---

98) 일승(一乘) : 일불승(一佛乘)과 같음. 승(乘)은 타는 것, 곧 수레나 배(船)를 말하며,
우리들을 깨달음으로 실어 나르는 불교의 가르침 즉 교법(敎法)을 가리킴. 교법에
는 소승·대승·3승·5승의 구별이 있는데, 일체 중생이 모두 성불한다는 입장에
서 그 구제하는 교법이 하나뿐이고, 또 절대 진실한 것이라고 주장하는 것이 일승
(一乘)이다. 『법화경』에서 일불승(一佛乘)을 말한다.
99) 승(乘) : yāna. 실어서 운반한다는 뜻. 수레. 연나(衍那)·연(衍)이라 음역. 사람을
실어 이상(理想)의 경지에 이르게 하는 가르침. 대승(大乘)·소승(小乘)으로 나누
고, 1승·2승·3승·4승·5승의 종류로 나누기도 함.
100) 『묘법연화경(妙法蓮華經)』「방편품(方便品) 제2」에 다음의 게송이 있다. "온 세계
의 불국토 속에는 오직 일승(一乘)의 법이 있을 뿐이로다./ 둘도 없고 셋도 없으나,

그러나 마침내 일심법(一心法)[101]을 드러낼 수 없었기 때문에, 가섭을 불러 법좌(法座)에 함께 앉아서[102] 말로 설명하는 것을 벗어난 일심법을 따로 부촉하여 이 한 갈래의 법령(法令)이 따로 행해졌으니, 만약 이 법령을 깨달을 수 있다면 곧장 부처의 지위에 이를 것이다.

如來現世, 欲說一乘眞法, 則衆生不信興謗沒於苦海. 若都不說, 則墮慳貪, 不爲衆生, 溥捨妙道. 遂設方便說有三乘, 乘有大小, 得有淺深, 皆非本法. 故云: '唯有一乘道, 餘二則非眞.' 然終未能顯一心法, 故召迦葉同法座, 別付一心離言說法, 此一枝法令別行, 若能契悟者, 便至佛地矣.

다만 부처님의 방편의 말씀은 예외이다./ 단지 가짜 이름과 문자를 가지고, 중생을 이끌어 제도(濟度)하도다./ 부처님의 지혜를 말씀하시는 까닭에 온갖 부처님께서 세상에 나타나신다네./ 오직 이 하나의 일이 진실이고, 나머지 둘이라면 진실이 아니다./ 마침내 소승(小乘)을 가지고는 중생을 제도하지 못하리라./ 부처님께선 스스로 대승에 머물고 계시니, 그 얻은 바의 법이 그러하다."(十方佛土中, 唯有一乘法. 無二亦無三, 除佛方便說. 但以假名字, 引導於衆生. 說佛智慧故, 諸佛出於世. 唯此一事實, 餘二則非眞. 終不以小乘, 濟度於衆生. 佛自住大乘, 如其所得法.)

101) 일심법(一心法): 앞서 말한 일승(一乘)의 진법(眞法), 혹은 일승(一乘)의 도(道)와 같은 말. 세계의 진실은 오직 하나의 마음일 뿐이라는 말.

102) 석가모니(釋迦牟尼)가 마하가섭(摩訶迦葉)에게 불법의 요체인 일심법을 세 곳에서 전했다고 하는 삼처전심(三處傳心) 가운데 하나인 다자탑전분반좌(多子塔前分半座)를 가리킴. 세존은 다자탑 앞에 이르자, 자기의 자리를 반으로 나누어 마하가섭에게 앉도록 하고서 가사를 몸에 걸쳐 주고 말했다. "나의 정법안장(正法眼藏)을 그대에게 남몰래 전해 주었으니, 그대는 잘 가지고 있다가 후대에 전하여 끊어지는 일이 없도록 하라."

4. 질문과 답

물었다.

"어떤 것이 도(道)이고, 어떻게 수행(修行)합니까?"

황벽이 대답했다.

"도가 무슨 물건이기에 너는 수행하려 하느냐?"

질문 : "여러 곳의 종사(宗師)가 서로 이어받아 선(禪)에 참(參)하고 도(道)를 배우는[103] 것은 무엇입니까?"

황벽 : "근기가 둔한 사람을 이끌어 주는 말이니, 의지할 만한 것이 아니다."

질문 : "이것이 둔한 근기를 이끌어 주는 말이라면, 뛰어난 근기에게는 또 어떤 법을 말해 줍니까?"

황벽 : "상근기의 사람이라면, 어디에서 다시 남에게 법을 구하겠느냐? 자기 자신조차 얻을 수 없는데, 하물며 따로 생각할 수 있는 법이 어디 있겠느냐? '법법 하지만 무슨 모양인가?'[104]라고 하는 경전의 구절을 보지 못했느냐?"

問:"如何是道, 如何修行?" 師云:"道是何物, 汝欲修行?" 問:"諸方宗師相承, 參禪學道, 如何?" 師云:"引接鈍根人語, 未可依憑." 云:"此既是

---

103) 참선학도(參禪學道) : 선(禪)에 참여하고, 도(道)를 배운다. 깨달음을 얻기 위하여 선을 공부하고 도를 배운다.

104) 『수능엄경(首楞嚴經)』 제3권에 나오는 구절.

引接鈍根人語, 未審接上根人復說何法?" 師云: "若是上根人, 何處更就人覓他? 自己尚不可得, 何況更別有法當情? 不見教中云: '法法何狀?'"

질문 : "만약 그렇다면, 구하고 찾을 필요가 전혀 없겠습니다."

황벽 : "만약 이와 같다면, 마음의 힘을 더는 것이다."

질문 : "그렇다면 완전히 단절되어 버리지만, 없을 수는 없겠지요?"

황벽 : "누가 그것을 없게 만드느냐? 그것은 누구인가? 그대는 그것을 찾으려 하는구나."

질문 : "찾는 것을 허락하지 않으면서, 무엇 때문에 다시 그것을 끊지 말라고 말씀하십니까?"

황벽 : "만약 찾지 않는다면, 곧 쉬는 것이다. 누가 그대에게 끊으라고 시키느냐? 그대는 눈앞의 허공을 보면서, 어떻게 그것을 끊겠느냐?"

질문 : "이 법을 얻을 수 있다면, 곧 허공과 같습니까?"

황벽 : "허공이 언제[105] 그대에게 같으니 다르니 하고 말하느냐? 내가 잠시 이렇게 말하니, 그대는 곧 여기에서 알음알이를 내는구나."

질문 : "반드시 사람이 알음알이를 내지 않도록 해야[106] 합니까?"

---

105) 조만(早晚) : 언제. 어느 때. 어느 날(의문사).
106) 여(與) : ①=이(以). ②=사(使). 교(敎). ③=피(被).

황벽 : "나는 그대를 가로막은 적이 없다. 도리어[107] 알음알이는 분별심에 속하니, 분별심이 생기면 지혜는 가로막힌다."

질문 : "여기에서는 분별심을 내지 말아야 옳습니까?"

황벽 : "만약 분별심을 내지 않으면, 누가 옳다고 말하겠느냐?"

云:"若如此, 則都不要求覓也." 師云:"若與麼, 則省心力." 云:"如是, 則渾成斷絕, 不可是無也." 師云:"阿誰教他無? 他是阿誰? 你擬覓他." 云:"旣不許覓, 何故又言莫斷他?" 師云:"若不覓, 卽便休. 誰教你斷? 你見目前虛空, 作麼生斷他?" 云:"此法可得, 便同虛空否?" 師云:"虛空早晚向你道有同有異? 我暫如此說, 你便向者裡生解." 云:"應是不與人生解耶?" 師云:"我不曾障你, 要且解屬於情, 情生則智隔." 云:"向者裡莫生情是否?" 師云:"若不生情, 阿誰道是?"

물었다.

"스님께 말을 하기만 하면, 무슨 까닭에 곧장 말 속에 말려들어 갔다[108]고 말씀하십니까?"

황벽이 말했다.

---

107) 요차(要且) : 도리어. 각(却).

108) 화타(話墮) : ①타언구중(墮言句中)과 같이 말 속에 떨어졌다, 즉 말 속으로 말려들어 갔다는 뜻. 말의 뜻 속으로 말려들어 감으로써 본지(本旨)를 잃은 것을 가리킨다. 즉, 분별에 머물고 있다는 말. ②말이 성립되지 않는다. 말의 앞뒤가 모순되다. 말의 앞뒤가 맞지 않는다. 말하여 스스로의 모순을 드러낸다.

"그대가 원래[109] 말을 이해하지 못하는 사람인데, 무슨 패배[110]가 있겠느냐?"

질문 : "지금까지의[111] 온갖 말씀들이 모두 방편으로 대응한[112] 말씀이라면, 아직까지 진실한 법을 사람들에게 전혀 보여 주시지 않은 것이로군요?"

황벽 : "진실한 법에는 뒤집어짐이 없다. 그대는 지금 묻는 곳에서 스스로 뒤집어져 있으면서 무슨 진실한 법을 찾느냐?"

질문 : "이미 묻는 곳에서 스스로 뒤집어져 있다면, 스님께서 답변하는 곳은 어떻습니까?"

황벽 : "그대는 우선 사물과 부딪쳐[113] 보고, 다른 사람은 상관하지 마라."

황벽이 다시 말했다.

"다만 한 마리 어리석은 강아지처럼 사물이 움직이는 곳을 보자마자 짖으니, 바람에 흔들리는 풀잎[114]과 다르지 않구나."

---

109) 자시(自是) : ①자연히. 원래. 당연히. ②스스로 제멋대로 옳게 여기다. ③이로부터. 이제부터. 지금부터. ④다만. 오직.
110) 타부(墮負) : 패하다. 지다. 패배하다.
111) 향래(向來) : 종전(從前). 이전(以前). 아까. 지금까지의.
112) 저적(抵敵) : 대적하다. 대항하다. 저항하다.
113) 장물조면(將物照面) : 우연히 사물에 부딪다. 사물과 부딪쳐 보다.
114) 풍취초목(風吹草木) : 풍취초동(風吹草動)과 같음. 바람이 풀잎을 스치기만 해도 흔들린다. 아주 작은 일에도 영향을 받는 불안한 모양.

問: "纔向和尙處發言, 爲甚麽便道話墮?" 師云: "汝自是不解語人, 有甚麽墮負?" 問: "向來如許多言說, 皆是抵敵語, 都未曾有實法指示於人?" 師云: "實法無顚倒. 汝今問處自生顚倒, 覓甚麽實法?" 云: "旣是問處自生顚倒, 和尙答處如何?" 師云: "你且將物照面看, 莫管他人." 又云: "祇如箇癡狗相似, 見物動處便吠, 風吹草木也不別."

다시 말했다.

"우리 이 선종(禪宗)이 예로부터 전해 왔지만, 사람에게 알음알이를 구하라고 가르친 적은 없다.

다만 도를 배운다고 말했을 뿐이지만, 이 말도 벌써 방편으로 유도하는 말이다.

그러나 도는 또한 배울 수 없으니, 분별심을 가지고 알음알이를 배우면 도리어 도를 잃어버리게 된다.

도에 방향과 장소가 없는 것을 일러 대승(大乘)의 마음이라 한다.

이 마음은 안에 있지도 않고 밖에 있지도 않고 그 사이에 있지도 않으니, 참으로 방향과 장소가 없으므로 결코 알음알이를 낼 수 없다.

다만 그대에게 말하노니, 지금 분별심으로 헤아림이 끝난 곳이 곧 도다.

분별심으로 헤아림이 끝난다면, 마음에는 방향도 장소도 없다.

又云: "我此禪宗, 從上相承已來, 不曾敎人求知求解. 只云學道, 早是接引之詞. 然道亦不可學, 情存學解, 卻成迷道. 道無方所, 名大乘心. 此心不在內外中間, 實無方所, 第一不得作知解. 只是說汝, 如今情量盡處爲道. 情量若盡, 心無方所.

이 도(道)는 천진(天眞)하여 본래 이름이 없다.

다만 세상 사람들은 알지 못하기 때문에 분별심 속에서 헤매는 것이다.

그러므로 모든 부처님께서 나오셔서 이 일을 말씀하시면서 그대들 여러 사람들이 깨닫지 못할까 봐 걱정하셔서 방편으로 도(道)라는 이름을 세우셨으니, 이름을 붙잡고 이해를 내어서는 안 된다.

그러므로 말하기를 '물고기를 잡았으면 통발은 잊어라.'[115]고 하는 것이다.

此道天眞, 本無名字. 只爲世人不識, 迷在情中. 所以諸佛出來, 說破此事, 恐汝諸人不了, 權立道名, 不可守名而生解. 故云: '得魚忘筌.'

---

115) 『장자(莊子)』 『잡편(雜篇)』 '외물(外物)'에 나오는 구절. 앞뒤의 내용은 다음과 같다 : 통발은 물고기를 잡기 위한 것이니, 물고기를 잡으면 통발은 잊는다. 올무는 토끼를 잡기 위한 것이니, 토끼를 잡으면 올무는 잊는다. 말은 뜻을 알기 위한 것이니, 뜻을 알게 되면 말은 잊는다. 나는 어떻게 저 말을 잊은 사람과 만나 더불어 이야기를 나눌 수 있을까?(筌者所以在魚, 得魚而忘筌. 蹄者所以在兔, 得兔而忘蹄. 言者所以在意, 得意而忘言. 吾安得夫忘言之人而與之言哉?)

몸과 마음이 자연스러우며 도에 통달하고 마음을 알아서 본원에 통달한 까닭에 사문(沙門)이라고 일컫는다.

사문이라는 결과는 생각을 쉬어서 이루어지는 것이지, 배워서 얻는 것이 아니다.

그대들은 지금 마음먹고[116] 일부러 마음을 찾고 타인의 집에서 배워서 얻으려고 할 뿐이니, 어떻게 얻을 때가 있겠느냐?

身心自然, 達道識心, 達本源故, 號爲沙門. 沙門果者, 息慮而成, 不從學得. 汝如今將心求心, 傍他家舍, 祇擬學取, 有甚麼得時?

옛 사람의 마음은 날카로워서 한 마디 듣자마자 곧장 배움을 끊었다.

그러므로 배움을 끊은, 할 일 없이 한가로운 도인(道人)이라고 일컫는 것이다.

오늘날의 사람은 다만 많이 알고 많이 이해하려고 할 뿐이다.

문자(文字)의 뜻을 널리 구하는 것을 일러 수행이라고 하니, 많이 알고 많이 이해하는 것이 도리어 가로막히는 것인 줄은 모른다.

오로지 많이 알려고만 하니, 마치 우유를 마시는 아이처럼 소화가 되는지 되지 않는지에 대해서는 전혀 알지 못한다.

삼승(三乘)에서 도를 배우는 사람들은 모두 이러한 모양이니,

---

116) 장심(將心) : 일부러. 고의로. 마음먹고. 의도적으로. 존심(存心)과 같음.

이들을 먹기만 하고 소화하지는 못하는 자라고 한다.

이른바 알고 이해하는 것을 소화하지 못한다면 모두 독약(毒藥)이 되니, 모두가 생멸(生滅) 속에서 취하는 것이고 진여 속에서는 이러한 일이 전혀 없다.

그러므로 '우리 왕의 창고 속에는 그와 같은 칼이 없다.'[117]라고

---

117) 아왕고내무여시도(我王庫內無如是刀) : 본래는 아고장중무여시도(我庫藏中無如是刀)라는 구절. 생각이나 언어로 정할 수 있는 그러한 법(法)은 없다는 말. 즉, 법은 분별과 언어로 정할 수 없다는 말. 담무참(曇無讖)이 번역한 『대반열반경』 제8권 「여래성품(如來性品) 제4-5」에 다음과 같은 내용이 있다 : 어떤 두 사람이 서로 친구가 되었는데, 하나는 왕자이며 하나는 빈천한 사람이었다. 두 사람이 서로 왕래하였는데, 그때 왕자에게 훌륭하고 기묘한 칼이 있는 것을 보고 빈천한 사람이 탐을 내었다. 그 뒤에 왕자는 그 칼을 가지고 다른 나라로 도망을 갔다. 빈천한 사람이 다른 집에서 자다가 "칼, 칼." 하면서 잠꼬대하는 것을 옆 사람이 듣고, 그 사람을 끌고 임금에게 갔더니, 왕이 물었다. "네가 칼, 칼 하였으니 그 칼을 내게 보여라." 그 사람이 전후 사실을 갖추어 다음과 같이 말하였다. "대왕께서 지금 신의 몸을 도륙하고 손발을 찢더라도 칼은 얻을 수 없습니다. 신이 왕자와 친했기 때문에 함께 다니면서 눈으로 칼을 보았으나 감히 손으로 만지지도 못하였는데 어찌 가졌을 리가 있겠습니까?" 왕이 또 물었다. "네가 본 칼은 모양이 어떠했느냐?" 빈천한 사람이 대답하였다. "대왕이시여, 신이 본 것은 양(羊)의 뿔과 같았습니다." 왕이 듣고는 흔쾌하게 웃고 말하였다. "너는 지금 가고 싶은 데로 가고 무서워하지 마라. 나의 창고에는 그런 칼이 없는데(我庫藏中都無是刀), 하물며 왕자에게서 보았겠느냐?" 그 뒤에 왕은 여러 신하들에게 물었다. "그대들은 그런 칼을 본 일이 있느냐?" 그런데 말을 마치고는 얼마 후 죽어 버렸다. 이윽고 다른 아들을 세워 왕위를 잇게 하였더니, 그 왕이 또 신하들에게 물었다. "그대들은 궐내의 창고에서 그 칼을 본 일이 있는가?" 신하들이 대답하였다. "보았습니다." 왕이 다시 그 모양이 어떻더냐고 물으니 신하들이 대답하였다. "양의 뿔과 같았습니다." 왕은 "나의 창고에

한 것이다.

古人心利, 纔聞一言, 便乃絶學. 所以喚作絶學無爲閑道人. 今時人只欲得多知多解, 廣求文義, 喚作修行, 不知多知多解, 翻成壅塞. 唯知多與兒酥

그런 칼이 있을 리가 있느냐?"고 하였다. 이렇게 차례차례로 네 임금이 모두 검사하여 보았으나, 그런 칼을 찾지 못하였다. 그런 지 얼마 후 도망하였던 왕자가 다른 나라로부터 다시 본국에 돌아와서 왕이 되었다. 왕이 된 뒤에 다시 신하들에게 물었다. "그대들은 그 칼을 보았느냐?" 신하들이 대답하였다. "대왕이시여, 신들은 모두 보았습니다." 왕은 또 "그 모양이 어떻더냐?"고 물었다. 신하들이 대답하였다. "대왕이시여, 빛이 깨끗하여 우발라꽃 같습니다." 어떤 이는 이렇게 대답하였다. "모양이 양의 뿔과 같습니다." 또 어떤 이는 이렇게 말하였다. "빛이 붉어서 불덩어리 같았습니다." 또 어떤 이는 말하였다. "검은 뱀과 같았습니다." 그때 임금이 크게 웃으며 말하였다. "그대들은 모두 내 칼의 참 모양을 보지 못하였다." 선남자야, 보살마하살도 그와 같아, 세상에 나서 나의 진실한 모양을 설명한 뒤 곧 떠나간 것이 마치 왕자가 훌륭한 칼을 가지고 다른 나라로 도망한 것과 같다. 어리석은 범부들이 모두 "내가 있다. 내가 있다." 하고 말하는 것은 마치 빈천한 사람이 다른 집에서 자다가 "칼. 칼." 하고 잠꼬대하던 것과 같다. 성문과 연각이 중생들에게 묻기를 "내가 어떤 모양인가?" 하니, 어떤 이는 "나의 모양이 엄지손가락 같다." 하고, 혹은 "쌀 같다." 하며, 혹은 "피의 씨(稗子) 같다."고 하며, 어떤 이는 "나의 모양이 마음속에 있는데 해처럼 찬란하다."고 한다. 이와 같이 중생들이 나의 모양을 알지 못하는 것은 마치 신하들이 칼의 모양을 모르는 것과 같다. 보살이 이렇게 나를 말하는 것을, 범부들이 알지 못하고 가지각색으로 분별을 내어 나라는 모양을 짐작하여 보는 것은 마치 칼의 모양이 양의 뿔 같다고 대답하는 것과 같다. 이렇게 범부들이 차례차례로 계속하여 잘못된 소견을 일으키므로 그런 소견을 끊어 버리기 위하여 여래가 일부러 "내가 없다."고 말하였으니(如來示現說於無我), 마치 왕자가 신하들에게 말하기를 "나의 광에는 그런 칼이 없다."(我庫藏中無如是刀)고 한 것과 같다.

乳喫. 消與不消都總不知. 三乘學道人皆是此樣. 盡名食不消者. 所謂知解不消. 皆爲毒藥。盡向生滅中取. 眞如之中都無此事. 故云我王庫內無如是刀.

지금까지 가지고 있던 모든 알음알이를 모조리 내버리고[118] 텅 비워서 다시는 분별이 없으면 곧[119] 공여래장(空如來藏)[120]이다.

여래장(如來藏)[121]에는 털끝 하나조차도[122] 있을 수 없으니, 이것이 곧 '있음을 쳐부순 법왕(法王)[123]이 세간에 출현하는 것'[124]이

---

118) 여기의 병(倂)은 병(屛)의 가차자(假借字).
119) 즉시(卽是) : 계사(繫辭). -이다. (다른 것이 아니라)바로 -이다.
120) 공여래장(空如來藏) : 7상주과(常住果)의 하나. 2여래장(如來藏)의 하나. 모든 부처님이 증득한 청정법신(淸淨法身)의 체(體). 이 체는 여래의 한량없는 공덕을 지니고 있으므로 여래장이라 하고, 번뇌와 상응(相應)하지 않으므로 공(空)이라 함. 한편 여래장 곧 진여 자체에 온갖 덕이 구족하여, 무슨 덕이나 갖추지 못한 것이 없고, 무슨 법이나 나타내지 못하는 것이 없는 것을 일러 불공여래장(不空如來藏)이라고 한다.
121) 여래장(如來藏) : 마음속에 감추어져 있는 여래. 여래가 될 능력이 본래 우리의 마음속에 들어 있다는 말. 범부의 마음은 번뇌망상에 덮여 있으므로 여래의 모습이 드러나지 않으나, 이 번뇌망상에 덮인 마음이 깨달음을 얻으면 곧 여래의 마음이다. 즉 여래장이란 범부의 마음에 있는 여래가 될 능력을 가리킨다. 여래장은 번뇌 속에 숨겨져 존재하고 있으나 그것이 노출되어 모습을 나타낸 것을 가리켜 법신(法身)이라 부른다. 여래장과 법신의 상즉(相卽)을 명확히 하며, 여래장을 관찰하는 지혜를 불공(不空 : 如來藏智), 법신을 관찰하는 지혜를 공(空 : 如來空智)이라 부르고 있다. 여래장(如來藏)사상은 『승만경』에 잘 나타나 있다.
122) 갱(更) : (부정사 앞에서) 전혀(-가 아니다). 하나도(-가 없다).
123) 법왕(法王) : 부처님은 법에 있어서 자재하고 법을 자유로이 지배하며 부려서 삼계(三界)의 위대한 스승이 되기 때문에 법왕이라 한다.

며, 또한 '나는 연등불(然燈佛)¹²⁵⁾이 계신 곳에서 얻은 법이 조금도 없었다.'¹²⁶⁾고 한 것이다.

이 말은 단지 그대가 의식(意識)으로 헤아리는 알음알이를 비우도록 하기 위한 것이다.

다만 안팎의 의식을 남김없이 녹여서 의지하거나 붙잡을 것이 전혀 없다면, 곧 일 없는 사람이다.

從前所有一切解處, 盡須倂卻令空, 更無分別, 卽是空如來藏. 如來藏者, 更無纖塵可有, 卽是破有法王出現世間, 亦云我於然燈佛所無少法可得. 此語只爲空你情量知解, 但銷鎔表裡情盡, 都無依執, 是無事人.

---

124) 『묘법연화경(妙法蓮華經)』 제3권 『제5 약초유품(藥草喩品)』에 나오는 게송의 구절.

125) 연등불(然燈佛) : 산스크리트로는 Dīpaṇkara-buddha이고, 정광불(錠光佛)·정광불(定光佛)·보광불(普光佛)·등광불(燈光佛) 등으로도 번역한다. 과거불(過去佛)의 하나였는데, 석존(釋尊)이 보살로서 최초로 성불(成佛)의 수기(授記)를 받았던 것은 바로 이 연등불 때였다고 한다. 그 때, 석존은 바라문 청년인 선혜(善慧)로서 연등불에게 연꽃을 받들어 올리고 진흙길에 자신의 머리칼을 펼쳐 연등불이 지나가시게 하였다. 그 행위로 인해 연등불로부터 장차 석가모니불이 될 것이라는 수기를 받게 되었다고 한다.

126) 구마라집 역 『금강경』 「10. 장엄정토분」에 다음 구절이 나온다 : 부처님께서 수보리에게 말씀하셨다. "어떻게 생각하느냐? 여래는 옛날 연등불이 계신 곳에서 법에 얻은 것이 있느냐?" "세존이시여, 여래께서는 연등불이 계신 곳에서 법에 진실로 얻은 것이 없었습니다."(佛告須菩提: "於意云何? 如來昔在然燈佛所, 於法有所得不?" "世尊, 如來在然燈佛所, 於法實無所得.") 이와 같은 취지의 내용이 『금강경』 여러 곳에서 나온다.

삼승의 가르침은 다만 근기에 대응한 약(藥)이고, 그때그때 알맞게 말한 것이고, 임시로 시설한 것이니 각각이 같지 않다.

다만 밝게 알기만 한다면 속지 않을 것이니, 무엇보다도 하나의 때와 하나의 가르침에서 문자에 머물러 이해해서는 안 된다.

어찌하여 이러한가?

진실로 여래께서 말씀하실 만한 정해진 법은 없기 때문이다.

우리의 이 선문(禪門)에서는 이러한 일은 따지지 않으니, 다만 마음을 없앨 줄 알면 쉬어서 다시 앞을 헤아리고 뒤를 생각할 필요가 없기 때문이다."

三乘敎網, 祇是應機之藥, 隨宜所說, 臨時施設, 各各不同. 但能了知, 卽不被惑, 第一不得, 於一機一敎邊, 守文作解. 何以如此? 實無有定法, 如來可說. 我此宗門, 不論此事, 但知息心卽休, 更不用思前慮後."

물었다.

"예로부터 모두 말하기를 '이 마음이 부처다'[즉심시불(卽心是佛)][127]라고 하였는데, 어느 마음이 부처인지요?"

---

127) 대매산(大梅山)의 법상(法常) 선사가 처음 마조를 찾아와서 물었다. "무엇이 부처입니까?" 마조가 말했다. "바로 이 마음이 부처(卽心是佛)이다." 법상은 곧 크게 깨달았다. 뒤에 대매산에 머물렀는데, 마조가 이 소식을 듣고는 한 승려를 보내어 물었다. "스님은 마조 스님을 뵙고서 무엇을 얻었기에 곧 이 산에 머무십니까?" 법상(法常)이 말했다. "마조 스님은 나에게 '이 마음이 바로 부처'라

황벽이 말했다.

"그대에게는 몇 개의 마음이 있느냐?"

질문 : "범부의 마음이 부처입니까? 성인의 마음이 부처입니까?"

황벽 : "어디에 범부의 마음과 성인의 마음이 있느냐?"

질문 : "지금 삼승의 가르침 속에서 범부와 성인이 있다고 말하고 있는데, 스님께선 어찌 없다고 말씀하실 수 있습니까?"

황벽 : "삼승 속에서 분명하게 그대들에게 말하기를 '범부의 마음과 성인의 마음은 허망하다.'[128]라고 하였는데, 그대는 지금 알지 못하고 도리어 있다고 집착하는구나.

공(空)을 실질(實質)이라고 여기니, 어찌 허망하지 않으랴?

허망한 까닭에 어리석은 마음이다.

그대는 다만 범부의 의식(意識)과 성인의 경지(境地)를 없애 버리기만 하라.

마음 밖에 다시 다른 부처는 없다.

고 말씀하셨습니다. 나는 곧 여기에 머물렀습니다." 그 승려가 말했다. "요즈음 마조 스님의 불법(佛法)은 또 달라졌습니다." 법상이 물었다. "어떻게 달라졌습니까?" "요즈음은 다시 말하길 '마음도 아니고 부처도 아니다[非心非佛]'고 하십니다." 이에 법상이 말했다. "이 노인네가 사람을 혼란하게 만드는 것이 끝날 날이 없구나. 그대는 마음대로 마음도 아니고 부처도 아니라고 하라. 나는 다만 이 마음이 곧 부처일 뿐이다." 그 승려가 돌아와 이것을 마조에게 말하자, 마조가 말했다. "매실이 익었구나."(『경덕전등록』제7권. 명주(明州) 대매산(大梅山) 법상선사(法常禪師).)

128) 출전을 찾을 수 없다.

조사(祖師)께서 서쪽에서 오셔서 모든 사람이 온통 부처라고 곧장 가리키셨다.

그대는 지금 알지 못하고서 범인에 집착하고 성인에 집착하면서 밖을 향하여 내달리니 도리어 스스로 마음을 잃고 헤매는 것이다.

그러므로 그대들에게 '이 마음이 부처다'[즉심시불(卽心是佛)]라고 말한 것이다.

한 순간 의식(意識)이 생기면 망상세계[129]에 떨어진다.

애초부터 오늘 이 순간과 다르지 않았고 다른 법은 없기 때문에, 일러서 평등하고 바른 깨달음을 이룬다고 하는 것이다."

問: "從上來皆云: '卽心是佛.' 未審卽那箇心是佛?" 師云: "你有幾箇心?" 云: "爲復卽凡心是佛? 卽聖心是佛?" 師云: "你何處有凡聖心耶?" 云: "卽今三乘中說有凡聖, 和尙何得言無?" 師云: "三乘中分明向你道, 凡聖心是妄. 你今不解, 反執爲有. 將空作實, 豈不是妄? 妄故迷心. 汝但除卻凡情聖境. 心外更無別佛. 祖師西來, 直指一切人全體是佛. 汝今不識, 執凡執聖, 向外馳騁, 還自迷心. 所以向汝道: '卽心是佛.' 一念情生卽墮異趣. 無始已來不異今日, 無有異法, 故名成等正覺."

---

129) 이취(異趣): 다른 국토. 다른 곳. 망상세계. 취(趣)는 중생이 번뇌로 말미암아 말·행동·생각 등으로 악업을 짓고, 그 업인(業因)으로 인하여 가게 되는 국토(國土)로서 5취·6취의 구별이 있다. 도(道)라고도 함.

질문 : "스님이 말씀하신 '즉(即)'[130]은 무슨 도리(道理)입니까?"

황벽 : "무슨 도리를 찾느냐? 도리가 있기만 하면 곧 이 마음(즉심(即心))과 달라진다."

질문 : "앞서 말씀하시길 '애초부터 오늘 이 순간과 다르지 않았다.'고 하셨는데, 이것은 무슨 도리입니까?"

황벽 : "단지 찾기 때문에 그대 스스로 그것과 달라지는 것이다. 그대가 만약 찾지 않는다면, 어느 곳에 다름이 있겠느냐?"

질문 : "이미 다름이 없다면, 무엇 때문에 다시 '즉(即)'이라고 말할 필요가 있습니까?"

황벽 : "그대가 만약 범부와 성인을 인정(認定)하지 않는다면, 누가 그대에게 '즉(即)'이라고 말하겠느냐? '즉(即)'이 만약 '즉(即)'이 아니라면, '심(心)'도 '심(心)'이 아니다. 만약[131] '심(心)'과 '즉(即)'을 모두 잊는다면, 그대[132]는 다시 어디에서 헤아려[133] 찾겠느냐?"

云:"和尚所言即者, 是何道理?" 師云:"覓什麼道理? 纔有道理, 便即心異." 云:"前言:'無始已來不異今日.' 此理如何?" 師云:"祇爲覓故, 汝自

---

130) 즉(即) : ①접근하다. 접촉하다. ②=당(當), 목전(目前), 목하(目下). ③곧-이다. 즉-이다. ④즉각. 곧. 바로.
131) 가중(可中) : 만일. 만약. =약(若).
132) 아이(阿你) : 이(你). 아(阿)는 접두사.
133) 의(擬) : ①장래를 위하여 준비함을 가리킴. -하려 하다. -할 예정이다. =욕(欲). ②재다. 헤아리다. 추측하다.=의의(擬議). ③판단(判斷)하는 말을 가리킴. -을 가지고. =장(將).

異他. 汝若不覓, 何處有異?" 云: "既是不異, 何更用說卽?" 師云: "汝若不認凡聖, 阿誰向汝道卽? 卽若不卽, 心亦不心. 可中心卽俱忘, 阿你更擬向何處覓去?"

질문 : "망상(妄想)이 자기 마음을 가로막을 수 있다면, 지금 무엇을 가지고 망상을 없앱니까?"

황벽 : "망상을 일으키는 것도, 망상을 없애는 것도 역시 망상이 된다. 망상은 본래 뿌리가 없다. 단지 분별(分別)하기 때문에 있는 것이다. 그대가 다만 범부와 성인의 두 곳에서 의식이 사라지면 저절로 망상은 없으니, 다시 어떻게[134] 망상을 없애려 하겠는가? 의지하거나 붙잡을 것이 털끝만큼도 있을 수 없는 것을 일러 '나는 두 팔을 버렸으니 반드시 깨달을 것이다'[135]라고 하였다."

질문 : "이미 의지하거나 붙잡을 것이 없다면, 어떻게 서로 이어가야 합니까?"

황벽 : "마음을 가지고 마음을 전한다."

질문 : "만약 마음을 서로 전한다면, 어찌하여 마음 역시 없다고 하십니까?"

황벽 : "한 개의 법도 얻을 수 없는 것을 일러 마음을 전한다고

---

134) 약위(若爲) : 어떻게. 어떠한가? 어찌 –할 수 있으랴? 어떻게 해야–?
135) 『묘법연화경(妙法蓮華經)』「약왕보살본사품(藥王菩薩本事品) 제23」에 나오는 구절.

한다. 만약 이 마음을 깨닫는다면, 마음도 없고 법도 없다."

질문 : "만약 마음도 없고 법도 없다면, 어떻게 전한다고 말할 수 있습니까?"

황벽 : "그대는 마음을 전한다고 하는 말을 듣고서 얻을 만한 것이 있다고 오해하는구나. 그러므로 조사께서 말씀하셨다.

'심성(心性)을 깨달았을 때는
불가사의(不可思議)하다고 말할 만하다.
분명히 얻은 것이 없으니,
얻었을 때는 안다고 말하지 말라.'[136]

이 일을 그대로 하여금 알게 하여도, 그대가 어떻게 감당할 수 있겠느냐?"

問: "妄能障自心, 未審而今以何遣妄?" 師云: "起妄遣妄亦成妄. 妄本無根. 祇因分別而有. 你但於凡聖兩處情盡, 自然無妄, 更擬若爲遣他? 都不得有纖毫依執, 名爲'我捨兩臂必當得佛.'" 云: "旣無依執, 當何相承?" 師云: "以心傳心." 云: "若心相傳, 云何言心亦無?" 師云: "不得一法, 名爲傳心. 若了此心, 卽是無心無法." 云: "若無心無法, 云何名傳?" 師云: "汝聞道傳心, 將謂有可得也. 所以祖師云:'認得心性時, 可說不思議. 了了無

---

136) 제23조 학륵나(鶴勒那) 존자의 게송. 『경덕전등록』 제2권에 등장한다.

所得, 得時不說知.' 此事若敎汝會, 何堪也?"

질문 : "눈앞의 허공과 같은 것[137]은 경계가 아니라고 하더라도, 경계를 가리키고 마음을 보는 일이 어찌 없겠습니까?"

황벽 : "어떤 마음이 그대로 하여금 경계 위에서 보도록 만드느냐? 설사 그대가 본다고 하더라도, 다만[138] 경계를 비추어 보는 마음일 뿐이다. 마치 사람이 거울을 가지고 자기 얼굴을 비추어 보는 것과 같아서, 비록 이목구비를 뚜렷이 볼 수 있다고 하여도 그것들은 원래 다만 영상(影像)일 뿐이니, 그대의 일과 무슨 관계가 있겠느냐?"

질문 : "만약 비추어 보는 것으로 말미암지 않는다면, 언제 볼 수 있겠습니까?"

황벽 : "만약 무언가에서 말미암는다면 늘 사물에 의존할 수밖에 없으니, 언제 끝날 때가 있겠느냐? 그대는 듣지 못했는가? 그가 그대에게 말했다. '손을 놓으면 그대에게 한 물건도 없는 것 같을 것이니, 헛되이 수천 가지 거짓된 말을 하지 마라.'"

질문 : "그가 만약 깨달았다면, 비추어 보는 데도 역시 사물이 없습니까?"

황벽 : "만약 사물이 없다면, 또 무엇 때문에 비추어 볼 필요가

---

137) 가중(可中) : 만일. 만약. =약(若).
138) 지시(只是) : 다만. 오직. 오로지.

있겠느냐? 그대는 눈을 뜨고서 잠꼬대하지 마라."

問:"祇如目前虛空, 可不是境, 豈無指境見心乎?" 師云:"什麽心敎汝向境上見? 設汝見得, 只是箇照境底心. 如人以鏡照面, 縱然得見眉目分明, 元來祇是影像, 何關汝事?" 云:"若不因照, 何時得見?" 師云:"若也涉因, 常須假物, 有什麽了時? 汝不見? 他向汝道:'撒手似君無一物, 徒勞謾說數千般.'" 云:"他若識了, 照亦無物耶?" 師云:"若是無物, 更何用照? 你莫開眼寱語去."

5. 상당설법(上堂說法)

상당(上堂)하여 말했다.

"온갖 종류의 많은 지식보다는 구함 없는 것이 더 낫다는 것이 가장 중요하다. 도인(道人)이란 일 없는 사람이니, 참으로 여러 가지 마음이 없고, 또 말할 만한 도리(道理)도 없다. 일이 없으니 흩어져 돌아가라."

上堂云:"百種多知, 不如無求最第一也. 道人是無事人, 實無許多般心, 亦無道理可說, 無事散去."

6. 질문과 답

물었다.

"어떤 것이 세제(世諦)[139]입니까?"

황벽이 말했다.

"이러쿵저러쿵 말하여 무엇하겠느냐? 본래 깨끗한데, 무엇 때문에 언설(言說)을 빌려서 묻고 답하고 하겠느냐?

어떤 마음도 없기만 하면, 곧 무루지(無漏智)[140]라고 일컫는다. 그대가 매일 행동하고 말하고 하면서 다만 유위법(有爲法)[141]에 집착하지만 않는다면, 말을 내뱉고 눈을 깜빡이고 하는 것이 모두

---

139) 세제(世諦) : 속제(俗諦)라고도 함. 세(世)는 세속이란 뜻이고, 제(諦)는 진실한 도리란 뜻. 세속 사람들이 아는 도리, 곧 세간 일반에서 인정하는 진리. 반대는 진제(眞諦) 혹은 승의제(勝義諦)라고 한다.

140) 무루지(無漏智) : 무루(無漏)란 일체의 번뇌를 떠나 조금도 번뇌가 남아 있지 않은 것을 의미한다. 따라서 무루지란 일체의 번뇌와 망상을 떠난 지혜, 곧 반야 지혜를 뜻한다. 소승에서는 4제(諦)의 이치를 깨달은 지혜라 하여 법지(法智)와 유지(類智)의 두 가지를 세우고, 대승 유식(唯識)에서는 무루지에 근본지(根本智)·후득지(後得智)의 두 가지를 세운다. 근본지는 유식의 성(性)인 진여(眞如)의 이치를 증득한 무분별지(無分別智)를 말하고, 후득지는 그 근본지에서 나와 유식의 상(相)인 인연으로 일어난 모든 삼라만상을 아는 지혜이다.

141) 유위법(有爲法) : 유위(有爲)의 법. 위(爲)는 위작(爲作)·조작(造作)의 뜻. 분별하여 행위하고 조작하는 모든 일을 가리킨다. 이렇게 분별하여 행위하고 조작하는 모든 일들은 반드시 생(生)·주(住)·이(異)·멸(滅)의 변화를 따르는 허망(虛妄)한 일이다. 구사(俱舍)의 75법 중 72법, 유식(唯識)의 백법(百法) 중 94법이 곧 유위법(有爲法)이다. 생멸하는 온갖 법의 총칭.

무루(無漏)와 같을 것이다.

  지금은 말법시대[142]라서 대개의[143] 선도(禪道)를 배우는 자가 모두 온갖 소리와 색깔에 집착하니, 어떻게 나의 '마음 마음이 허공과 같다' '마른 나무와 돌멩이와 같다' '불 꺼진 차가운 재와 같다'라는 말과 조금이라도 어울리겠느냐? 만약 이와 같지 않다면, 뒷날 반드시 염라대왕이 그대들을 고문(拷問)할 것이다.

  問:"如何是世諦?"師云:"說葛藤作什麽? 本來淸淨, 何假言說問答? 但無一切心, 卽名無漏智. 汝每日行住坐臥一切言語, 但莫着有爲法, 出言瞬目, 盡同無漏. 如今末法向去, 多是學禪道者, 皆着一切聲色, 何不與我心心同虛空去, 如枯木石頭去, 如寒灰死火去, 方有少分相應? 若不如是, 他日盡被閻老子栲你在.

---

142) 말법시(末法時) : 3시(時)의 하나. 부처님이 세상을 떠난 지 오래되어 교법(敎法)이 쇠퇴된 시기. 부처님 열반한 뒤에 교법이 유행하는 시대를 3단으로 나누어, 정법시(正法時)·상법시(像法時)·말법시(末法時)로 함. ①정법시는 교법·수행·증과(證果)의 3법이 완전하게 있는 시대. ②상법시는 증과하는 이는 없으나, 교법·수행이 아직 남은 시대. ③말법시는 교법만 있고, 수행·증과가 없는 시대. 이 세 시대가 지나면, 교법까지 없어지는 시기가 되니, 이때를 법멸(法滅) 시대라 함. 석존의 유법(遺法)에 대하여는 말법을 만년이라 함은 같거니와, 정법·상법의 시기에는 다른 말이 있다. 정법 5백년, 상법 1천년 설(說)과 정법 1천년, 상법 5백년 설과 정법 1천년, 상법 1천년 설이 있다.

143) 다시(多是) : 아마. 대개. 모두.

그대가 다만 있느니 없느니 하는 모든 법을 벗어나기만 하면, 마음은 마치 태양이 늘 허공에 있음에 밝은 빛이 저절로 그러하여 비추지 않아도 저절로 비추어지는 것과 같을 것이다.

이것이 바로 힘을 더는 일이 아니겠느냐?

이런 때에 이르러 깃들어 머물 곳이 없으면, 바로 온갖 부처의 행동을 하는 것이며, 곧 '마땅히 머묾 없이 그 마음을 낸다.'[144]는 것이다.

이것이 바로 그대의 깨끗한 법신(法身)이며, 이름하여 위없이 바르고 평등한 깨달음이다.

만약 이 뜻을 알지 못한다면, 설사 그대가 많은 지식을 배워 얻고 힘들여 고생스럽게 수행하며 풀로 만든 거친 옷을 입고 나무껍질을 벗겨 먹더라도, 자기의 마음을 알지 못한다면 모두가 삿된 짓이니 반드시 천마(天魔)[145]의 권속이 될 것이므로, 이와 같이 수행하여 또 무슨 이익이 있겠느냐?

你但離卻有無諸法, 心如日輪常在虛空, 光明自然不照而照. 不是省力底

---

144) 『금강경』에 나오는 구절.
145) 천마(天魔) : 천자마(天子魔). 또는 마천·마왕(魔王). 욕계의 꼭대기에 있는 제6천의 주인으로 파순(波旬)이라는 이름으로 경에 등장함. 수행하는 사람을 보면 자기네 권속들을 없애고 궁전을 파괴할 것이라 생각하고, 마군을 이끌어 수행하는 이를 시끄럽게 하며 정도를 방해하므로 천마라 한다. 부처님이 보리수 아래 앉아 수도할 때 천마가 와서 성도를 방해하려 하였으나, 부처님이 자정(慈定)에 들어 항복받았다 함.

事? 到此之時, 無棲泊處, 卽是行諸佛行, 便是'應無所住而生其心.' 此是你 淸淨法身, 名爲阿耨菩提. 若不會此意, 縱你學得多知, 勤苦修行, 草衣木食, 不識自心, 盡名邪行, 定作天魔眷屬, 如此修行當復何益?

지공(誌公)[146] 화상이 말했다. '부처는 본래 자기 마음이 만드는 것인데, 문자 속에서 어떻게 구할 수 있으랴?'[147]

비록[148] 그대가 삼현(三賢)[149] · 사과(四果)[150] · 십지만심(十地滿

---

146) 지공(誌公) : 금릉보지(金陵寶誌). 418-514. 위진남북조(魏晉南北朝)의 스님. 금릉은 출신 지명. 속성은 주(朱)씨. 어려서 출가하여 강소성 건강(建康) 도림사(道林寺)에서 선정을 닦음. 태시(泰始; 465-471) 초년에 불시에 일어나 거소를 정하지 않고 음식도 때를 정하지 않으며, 머리도 길게 기르고 냄비를 손에 들고 행각하는 기행(奇行)을 보임. 502년경에 대승찬(大乘讚) 24수를 지어 황제에게 바침. 또 각종 이적을 보여 대중을 교화. 고구려왕도 그 명성을 듣고 사신을 보내어 은모자를 기증했다고 함. 천감(天監) 13년 겨울에 화림원 불당의 금강신장을 밖에 놓게 하고 열흘 만에 입적함. 세수 97. 칙령으로 광제(廣濟)대사라 시호함. 후당(後唐)의 장종(莊宗)은 묘각(妙覺)대사라 시호함. 그 후에도 도림진각(道林眞覺)보살 · 도림진각대사 · 자응혜감(慈應惠感)대사 · 보제성사(普濟聖師)보살 · 일제진밀(一際眞密)선사 등의 시호가 내려짐.

147) 출전을 알 수 없다.

148) 요(饒) : 비록 – 이지만. 설사 –라 하더라도. 만약 –하면.

149) 삼현(三賢) : 소승 · 대승에 따라 구별이 있다. ①대승은 보살 수행의 지위인 10주 · 10행 · 10회향 위(位)에 있는 보살을 말함. ②소승은 5정심위(停心位) · 별상념주위(別相念住位) · 총상념주위(總相念住位)를 말함. 이들은 성위(聖位)에 들어가기 위한 방편위(方便位).

150) 사과(四果) : 소승 증과(證果)의 4계위(階位). 과(果)는 무루지(無漏智)가 생기는 지위. 수다원과 · 사다함과 · 아나함과 · 아라한과.

心)¹⁵¹⁾을 배웠다고 하더라도, 역시 다만 범부와 성인의 분별 속에 앉아 있는 것이다.

그대는 '모든 행동은 무상(無常)하니 이것이 곧 생멸법(生滅法)이다.'¹⁵²⁾라는 말을 듣지도 못했느냐?

그렇게 수행한다면, 힘이 다한 화살이 다시 땅으로 떨어지듯이 내생(來生)에 다시 태어날 것이니 뜻대로 이루어지지¹⁵³⁾ 못한다.

그렇게 한다면, 어찌 무위(無爲)¹⁵⁴⁾의 실상문(實相門)에서 단번에 벗어나 곧장 여래의 지위에 들어감과 같겠느냐?¹⁵⁵⁾

그대가 이와 같은 사람이 못되기 때문에, 모름지기 옛 사람이

---

151) 십지만심(十地滿心) : 수행을 끝낸 보살. 『화엄경』「십지품(十地品)」에 설해져 있는 보살수행의 52위 가운데 제41위에서 제50위까지의 십지(十地)는 보살로서는 최고의 경지인데, 이 십지의 수행을 끝낸 보살이라는 말. 십지보살(十地菩薩)과 같음.

152) 제행무상시생멸법(諸行無常是生滅法) : 북량(北涼)의 담무참(曇無讖)이 번역한 『대반열반경(大般涅槃經)』 제14권 「성행품(聖行品)」 제7-4에 석가모니가 전생에 설산에서 수행할 때, 석제환인(釋提桓因; 제석천)이 나찰(羅刹)로 변하여 들려준 게송(偈頌)의 앞 구절. 뒤 구절은 다음과 같다 : 생멸이 사라지고 나면, 적멸(寂滅)이 곧 즐거움이다.(生滅滅已, 寂滅爲樂.)

153) 여의(如意) : 뜻하는 대로 이루어진다. 본래의 모습에서 어긋나지 않는다. 본바탕을 벗어나지 않는다. 여법(如法)하다.

154) 무위(無爲) : asaṃskṛta. 모든 법의 진실체를 말함. 위(爲)는 위작(爲作) · 조작(造作)의 뜻. 곧 분별로 위작 · 조작을 하지 않아 생 · 주 · 이 · 멸 4상(相)의 변천이 없는 진리를 말한다. 열반(涅槃) · 법성(法性) · 실상(實相) 등은 무위의 다른 이름이다.

155) 영가현각(永嘉玄覺)의 「증도가(證道歌)」 가운데 한 구절.

세워 놓은 교화문(敎化門)[156]에서 알음알이를 자세히 배우려고 하는 것이다.

지공(誌公)이 말했다. '세간을 벗어난 눈 밝은 스승을 만나지 못한다면, 대승(大乘)의 법약(法藥)[157]을 잘못 먹을 것이다.'[158]

誌公云: '佛本是自心作, 那得向文字中求?' 饒你學得三賢四果十地滿心, 也祇是在凡聖內坐. 不見道? '諸行無常, 是生滅法.' 勢力盡箭還墜, 招得來生不如意. 爭似無爲實相門, 一超直入如來地? 爲你不是與麼人, 須要向古人建化門廣學知解. 誌公云: '不逢出世明師, 枉服大乘法藥.'

그대가 지금 하루 종일 행동하면서 다만 마음 없음을 배우기만 하면, 시간이 지나면서 반드시 참으로 깨달음을 얻을 것이다.

그대의 역량이 작아서 단번에 뛰어넘지 못한다고 하더라도 3년, 5년 혹은 10년이 지나면 반드시 들어갈 곳[159]을 얻어서 저절로 깨닫게 될 것이다.

그대가 이와 같지 못하다고 하여 일부러[160] 선(禪)을 배우고 도

---

156) 교화문(敎化門) : =교화접인문(敎化接引門). 중생을 접촉하여 가르쳐서 부처로 변화시키는 쪽으로 인도하는 문.
157) 법약(法藥) : 부처님의 가르침인 불법(佛法)은 중생의 어리석은 번뇌라는 병을 치유하는 약이라는 뜻.
158) 출전을 찾을 수 없다.
159) 입두처(入頭處) : 입문(入門)하는 곳. 깨달음에 처음 들어가는 곳.
160) 장심(將心) : 일부러. 고의로. 마음먹고. 의도적으로. 존심(存心)과 같음.

(道)를 배우려고 한다면, 불법(佛法)과 무슨 관계가 있겠느냐?

그러므로 말했다. '여래의 말씀은 모두 사람을 교화(敎化)하기 위한 것으로서 마치 누런 나뭇잎을 황금이라고 여기게 하여 우는 아이의 울음을 그치도록 만드는 것과 같으니[161] 절대로 진실한 것이 아니다.'

만약 참으로 얻는 것이 있다면, 우리 종문(宗門)의 선객(禪客)이 아니니, 그대의 본바탕과 무슨 관계가 있겠느냐?

그러므로 경에서 말했다.

'얻을 만한 조그마한 법도 진실로 없음을 일컬어 위없이 바르고 평등한 깨달음이라고 한다.'[162]

만약 이 뜻을 깨닫는다면, 비로소 불도(佛道)와 마도(魔道)가 모두 그릇된 것임을 알 것이다.

---

161) 지제지설(止啼之說) : 울음을 멈추게 하는 말. 방편(方便)의 말. 『대반열반경(大般涅槃經)』 제21권 「영아행품(嬰兒行品)」에 "영아행(嬰兒行)이란 어린아이가 큰 소리로 보채며 우는 것을 이른다. 이때 부모는 서둘러 버드나무의 노란 잎을 따 가지고 와서 우는 아이에게 주면서 '울지 마라. 내가 금을 줄게.'라고 달랜다. 아무것도 모르는 아이는 그것이 진짜 금인 줄 알고 곧 울음을 그친다. 그러나 이 노란 잎은 진짜 금이 아니다."라는 구절이 있는데, 우는 아이는 자기 머리를 가지고 자기 머리를 찾는 어리석은 중생을 뜻하고, 울음을 멈추게 하는 가짜 금인 나뭇잎은 중생의 갈증을 멈추게 하는 가르침인 방편설(方便說)을 뜻한다. 번뇌는 본래 허망한 것이어서, 번뇌가 사라지면 그만이지, 다시 얻을 법은 없다. 방편은 단지 망상에서 깨어나게 하는 가르침일 뿐, 본래 없었던 새로운 무엇을 제공하는 것은 아니다.

162) 『금강경(金剛經)』「무법가득분(無法可得分)」에 나오는 구절.

你如今一切時中行住坐臥, 但學無心, 久久須實得. 爲你力量小, 不能頓超, 但得三年五年或十年, 須得箇入頭處, 自然會去. 爲汝不能如是, 須要將心學禪學道, 佛法有甚麼交涉? 故云: '如來所說, 皆爲化人, 如將黃葉爲金止小兒啼, 決定不實.' 若有實得, 非我宗門下客, 且與你本體有甚交涉? 故經云: '實無少法可得, 名爲阿耨菩提.' 若也會得此意, 方知佛道魔道俱錯.

본래 깨끗하고 밝지만,[163] 모나거나 둥글거나 크거나 작거나 길거나 짧은 등의 모습이 없고, 번뇌도 없고, 애쓸 일도 없고, 어리석음도 없고, 깨달음도 없고, 또렷이 드러나 있지만, 한 물건도 없고, 사람도 없고, 부처도 없다.

'온 우주는 바다 속의 물거품이요, 모든 성인(聖人) 현자(賢者)는 번갯불과 같으니,'[164] 모든 것은 마음의 진실과 같지 못하다.

그대의 법신(法身)은 예로부터 지금까지 부처님과 조사(祖師)의 법신과 같으니, 어느 곳이 털끝만큼이라도 모자라겠느냐?[165]

이미 이러한 뜻을 알았다면, 반드시 노력하기를 바란다.[166] 이번 생애가 끝나면 숨을 쉴 수 없게 될 것이다."

本來淸淨皎皎地, 無方圓, 無大小, 無長短等相, 無漏無爲, 無迷無悟,

---

163) 교교지(皎皎地) : ①새하얗고 밝다. ②깨끗하다. ③명백하다.
164) 영가현각의 「증도가」의 한 구절.
165) 흠소(欠少) : 모자라다. 부족하다. 결핍하다.
166) 대수(大須) : 반드시. 꼭. 필히.(간곡히 당부하는 말)

了了見, 無一物, 亦無人, 亦無佛. 大千沙界海中漚, 一切聖賢如電拂, 一切不如心眞實. 法身從古至今, 與佛祖一般, 何處欠少一毫毛? 既會如是意, 大須努力. 盡今生去, 出息不保入息."

7. 질문과 답

물었다.

"육조(六祖)께선 경서(經書)를 알지 못하셨는데, 어떻게 옷을 전해 받고 조사(祖師)가 되셨습니까? 신수(神秀)[167] 상좌는 오백 대중 가운데 수좌(首座)이고 교수사(敎授師)로서 32경론(經論)을 강의할 수 있었는데도, 어찌하여 옷을 전해 받지 못했습니까?"

問: "六祖不會經書, 何得傳衣爲祖? 秀上座是五百人首座, 爲敎授師, 講得三十二本經論, 云何不傳衣?"

황벽이 말했다.

"신수 상좌에게는 마음이 있었다.
이것은 유위법(有爲法)이니, 수행하여 깨닫는 것을 옳다고 여겼

---

167) 신수(神秀) : 대통신수(大通神秀). ?-706. 중국 당나라 스님. 북종선(北宗禪)의 개조(開祖). 속성은 이씨. 개봉(開封) 사람. 50세에 기주(蘄州) 쌍봉(雙峰) 동산사에 5조 홍인선사(弘忍禪師)를 뵙고 제자가 됨. 홍인이 죽은 뒤에 강릉 당양산에 있으면서 측천무후의 귀의를 받고, 궁중의 내도량(內道場)에 가서 우대를 받았으며, 또 중종황제의 존경을 받음. 신룡 2년에 죽음. 시호는 대통선사(大通禪師). 동문(同門)의 혜능(慧能)이 5조의 법사(法嗣)가 되어 스승의 명으로 남방에 가서 도법을 널리 편 이래 혜능이 전한 것을 남종(南宗)이라 하고, 신수가 전한 것을 북종(北宗)이라 함. 『육조단경』에 의하면 신수가 쓴 게송은 오조홍인의 인가를 받지 못했고, 혜능이 쓴 게송이 인가를 받아 혜능이 육조가 되었다고 함.

던 것이다.

그 까닭에 오조(五祖)께선 육조(六祖)에게 법을 부촉하셨다.

육조는 당시에 다만 묵묵히 계합(契合)하여 여래의 깊은 뜻을 비밀리에 받은 것이다.

그 까닭에 육조에게 법을 부촉하신 것이다.

그대는 이런 말을 듣지도 못했느냐?

'법은 본래 법이지만 법이랄 것은 없고

법이랄 것이 없어도 법은 역시 법이다.

이제 법이랄 것이 없는 것을 부촉할 때

법이니 법이니 하지만 어찌 법이었던 적이 있었겠느냐?'[168]

만약 이 뜻을 안다면, 비로소 출가한 사람이라고 이를 수 있고, 바야흐로 잘 수행하는 것이다.

만약 믿지 않았다면, 어찌하여 도명(道明) 상좌는 대유령(大庾嶺) 꼭대기까지 쫓아가서 육조를 찾았겠느냐?

육조가 곧 도명 상좌에게 물었다.

'당신은 어떤 일을 찾아서 왔소? 옷을 찾아 왔소? 법을 찾아 왔소?'

도명 상좌가 말했다.

---

168) 『경덕전등록』 제1권에 나오는 석가모니불(釋迦牟尼佛)의 전법게(傳法偈).

'옷 때문에 온 것이 아니라, 단지 법 때문에 왔을 뿐입니다.'

육조가 말했다.

'당신은 우선 잠시 생각을 거두고서, 좋고 나쁨을 일절 생각하지 마시오.'

도명 상좌가 시킨 대로 하자, 육조가 말했다.

'좋은 것도 생각하지 않고 나쁜 것도 생각하지 않는 바로 이러한 때에, 도명 상좌가 부모님의 뱃속에서 아직 나오지 않았을 때의 모습을 나에게 돌려주시오.'

도명은 그 말을 듣고서 문득 묵묵히 계합하였는데, 곧장 절을 올리고 말했다.

'마치 사람이 물을 마시면 그 차고 따뜻함을 저절로 아는 것과 같군요. 저는 오조(五祖)의 문하에서 삼십 년 동안 헛되이 공부하고 있다가, 오늘 비로소 앞날의 잘못을 깨달았습니다.'

육조가 말했다.

'그렇습니다.'[169]

이러한 때에 이르러서야, 조사(祖師)께서 서쪽에서 오셔서 사람의 마음을 곧장 가리키니 자성(自性)을 보아 깨닫게 되는 것이 언설(言說)에 근거한 것이 아님을 비로소 알았던 것이다.

듣지도 못했느냐?

아난(阿難)[170]이 가섭(迦葉)에게 물었다.

---

169) 『육조단경』에 나오는 이야기.

'세존께서 금란가사(金襴袈裟)[171]를 전한 것 외에 따로 무슨 물건을 전하셨습니까?'[172]

가섭이 아난을 부르니 아난이 대답하자 가섭이 말했다.

'문 앞의 찰간(刹竿)[173]을 넘어뜨려라.'[174]

이것이 곧 조사가 내세우는 것이다.

매우 깊은 믿음을 가진 아난이 삼십 년 동안 세존의 시자(侍者) 노릇을 하였으나, 다만 많이 들은 지혜를 가졌을 뿐이었으니 부처님께서 이렇게 꾸짖은 것이다.

---

170) 아난(阿難) : 아난다(阿難陀). 석가의 10대 제자 중 한 사람. 아난이라는 인도말은 환희·기쁨(慶喜)를 뜻한다. 아난은 석가의 사촌 동생이다. 석가가 깨달음을 얻은 후 귀향하였을 때, 난다(難陀)·아나율(阿那律) 등과 함께 출가하였다고 한다. 대중들의 천거에 의하여 아난이 20여 년 동안 시자(侍者)를 맡아 가까이서 석가를 모시면서 그의 말을 가장 많이 들었으므로, 다문제일(多聞第一)로 불렸다. 석가가 80세에 숨을 거둘 때 곁에서 지켜보았으며, 석가가 죽은 후 가섭의 지휘 아래 이루어진 경(經)의 편찬, 즉 결집(結集)에 참가하여 지대한 업적을 남겼는데, 경법(經法)이 후대에 전하는 것은 그의 공이 크다. 선(禪)에서는 아난을 가섭을 이은 제2대 조사로 삼았다.

171) 금란가사(金襴袈裟) : 금색의(金色衣)·금란의(金襴衣)·금루가사(金縷袈裟)·금색첩의(金色氎衣)·황금첩의(黃金氎衣)라고도 함. 금실로 지은 가사. 석가모니가 마하가섭(摩訶迦葉)에게 전법(傳法)의 증표로 준 것이라고 한다.

172) 법을 전하는 증표인 금란가사와 함께 전한 것이란, 곧 석가모니가 가섭에게 전한 불법(佛法)을 가리킨다.

173) 찰간(刹竿) : 절의 당탑 앞에 세워 두는 긴 장대로, 그 위에 보주(寶珠)가 붙어 있다. 사원에서 설법이 있는 것을 표시하기 위해 세우는 깃발을 건 장대이다. 설법할 때 문 앞에 이것을 세워서 깃발을 건다.

174) 이 일화는 『연등회요(聯燈會要)』 제1권 이조아난존자(二祖阿難尊者)에 등장한다.

'네가 천 일 동안 지혜를 배우더라도, 하루 동안 도(道)를 배우는 것만 못하다. 만약 도를 배우지 않는다면, 한 방울의 물도 소화하기 어려울 것이다.'"

師云: "爲他有心. 是有爲法, 所修所證, 將爲是也. 所以五祖付六祖. 六祖當時祇是默契得, 密授如來甚深意. 所以付法與他. 汝不見道? '法本法無法, 無法法亦法. 今付無法時, 法法何曾法?' 若會此意, 方名出家兒, 方好修行. 若不信, 云何明上座走來大庾嶺頭尋六祖? 六祖便問: '汝來求何事? 爲求衣? 爲求法?' 明上座云: '不爲衣來, 但爲法來.' 六祖云: '汝且暫時斂念, 善惡都莫思量.' 明乃稟語, 六祖云: '不思善, 不思惡, 正當與麼時, 還我明上座父母未生時面目來.' 明於言下忽然默契, 便禮拜云: '如人飮水冷煖自知. 某甲在五祖會中, 枉用三十年功夫, 今日方省前非.' 六祖云: '如是.' 到此之時, 方知祖師西來, 直指人心見性成佛, 不在言說. 豈不見? 阿難問迦葉云: '世尊傳金襴外, 別傳何物?' 迦葉召阿難, 阿難應諾, 迦葉云: '倒卻門前刹竿着.' 此便是祖師之標榜也. 甚深阿難三十年爲侍者, 祇爲多聞智慧, 被佛訶云: '汝千日學慧, 不如一日學道. 若不學道, 滴水難消.'"

균주 황벽산 단제선사 전심법요 (끝)

筠州黃蘗山斷際禪師傳心法要卷四

완릉록(宛陵錄)

황벽단제선사완릉록

(黃檗斷際禪師宛陵錄)

사가어록(四家語錄) 제5권

1. 도를 얻은 자

배상공이 황벽 선사에게 물었다.

"산 속의 사오백 대중 가운데 몇 사람이나 스님의 법을 얻었습니까?"

황벽이 말했다.

"얻은 자는 그 수를 헤아리지 마라. 무슨 까닭인가? 도(道)는 마음의 깨달음에 있지, 어찌 언설(言說)에 있겠느냐? 언설은 다만 어린아이를 교화(敎化)하는 것일 뿐이니라."

黃檗斷際禪師宛陵錄卷五

裴相公問師曰: "山中四五百人, 幾人得和尙法?"

師云: "得者莫測其數. 何故? 道在心悟, 豈在言說? 言說祇是化童蒙耳."

2. 부처

물었다.

"어떤 것이 부처입니까?"

황벽이 말했다.

"이 마음이 곧 부처이고, 마음이 없는 것이 곧 도(道)다.

다만 마음을 일으키지도 생각을 움직이지도 않으면, 있고 없음·길고 짧음·남과 나·주관과 객관이 마음과 같다.

마음이 본래 부처이고, 부처가 본래 마음이며, 마음은 허공과 같다.

그러므로 말하기를, '부처의 진짜 법신은 허공과 같다.'[175]라고 하였다.

따로 구할 필요가 없으니, 구한다면 모두가 고통이다.

설사 강바닥의 모래알같이 많은 세월 동안 육도만행(六度萬行)을 수행하여 부처의 깨달음을 얻는다고 하더라도, 역시 마지막 진실은 아니다.

왜 그런가? 이러한 일들은 모두 인연에 따른 조작에 속하므로, 인연이 다하면 도로 덧없음으로 돌아가 버리기 때문이다.

그러므로 말하기를, '보신과 화신은 진짜 부처가 아니고, 또한

---

175) 『금광명경(金光明經)』 「사천왕품(四天王品) 제6」과 『대방등대집경(大方等大集經)』 제14권 「허공장품(虛空藏品) 제8」-「소문품(所問品) 제1」의 게송에 등장하는 구절.

법을 말하는 자도 아니다.'[176]라고 한 것이다.

다만 자기의 마음을 알기만 하면, 나도 없고 남도 없고 본래가 부처다."

問: "如何是佛?"

師云: "卽心是佛, 無心是道. 但無生心動念, 有無長短, 彼我能所等心. 心本是佛, 佛本是心, 心如虛空. 所以云: '佛眞法身, 猶若虛空.' 不用別求, 有求皆苦. 設使恒沙劫, 行六度萬行, 得佛菩提, 亦非究竟. 何以故? 爲屬因緣造作故. 因緣若盡, 還歸無常. 所以云: '報化非眞佛, 亦非說法者.' 但識自心, 無我無人, 本來是佛."

---

176) 『어주금강반야바라밀경선연(御註金剛般若波羅蜜經宣演)』 상권(上卷)에 나오는 구절.

3. 무심

물었다.

"성인(聖人)에게 마음이 없으면 곧 부처이지만, 범부에게 마음이 없으면 공적(空寂)에 빠진 것이 아닙니까?"

황벽이 답했다.

"법에는 범부와 성인이 없고, 또 공적에 빠짐도 없다.

법이 본래 있는 것이 아니라고 하여 없다는 견해를 내지 말고, 법은 본래 없는 것이 아니라고 하여 있다는 견해를 내지는 마라.

있음과 없음은 모두 분별심의 견해이니 마치 환예(幻翳)[177]와 같다.

그러므로 말한다. '보고 듣는 것은 마치 환예와 같다.'[178] '느끼고 아는 것이 곧 중생이다.'[179]

조사(祖師)의 문중에선 다만 헤아림을 쉬고[180] 견해를 잊음을 말

---

177) 환예(幻翳): 눈에 백태(白苔)가 생겨서 보이는 헛된 환상. =환예(幻瞖). 안중화(眼中華), 공화(空花)와 같은 말.
178) 『수능엄경』 제6권의 게송에 나오는 구절. 앞뒤의 구절은 다음과 같다 : "육근(六根)이 해탈을 이루면, 보고 듣는 것은 마치 환예(幻翳)와 같고, 삼계(三界)는 공화(空花)와 같다."(六根成解脫, 見聞如幻翳, 三界若空花.)
179) 『수능엄경』 제6권의 동일한 게송에 나오는 구절.
180) 식기(息機): 망기(忘機), 망기(亡機)와 같음. 기(機)는 잔꾀나 지혜를 써서 무슨 일을 이익되게 하려는 마음으로서 분별심과 같음. 식기(息機)는 이해타산을 떠난 담박하고 수수한 마음, 분별심을 벗어난 마음을 가리킴.

할 뿐이다.

그러므로 헤아림이 없으면 불도(佛道)가 크게 일어나고, 분별하면 마군(魔軍)[181]이 세차게 일어난다."

問:"聖人無心卽是佛, 凡夫無心莫沈空寂否?"
師云:"法無凡聖, 亦無沈寂. 法本不有, 莫作無見. 法本不無, 莫作有見. 有之與無, 盡是情見, 猶如幻翳. 所以云:'見聞如幻翳.''知覺乃衆生.' 祖師門中, 只論息機忘見. 所以忘機則佛道隆, 分別則魔軍熾."

---

181) 마군(魔軍) : 악마들의 군병. 석존이 성도(成道)할 때 제6천(天)의 마왕이 그의 권속들을 거느리고 와서 성도를 방해함에 신통력으로 이들을 모두 항복받았다고 한다. 이들은 모두 깨달음에 방해가 되는 분별망상의 습들을 가리키는 것이다.

4. 육도만행

물었다.

"마음이 이미 본래부터 부처인데, 다시 육도만행을 닦아야 합니까?"

황벽이 말했다.

"깨달음은 마음에 있고, 육도만행과는 관계가 없다.

육도만행은 모두 방편문(方便門)에서 중생을 교화 제도하는 쪽의 일이다.

설사 보리(菩提) · 진여(眞如) · 실제(實際) · 해탈(解脫) · 법신(法身)과 곧바로 십지(十地)[182] · 사과(四果)[183]라는 성인의 지위에 도달한다고 하더라도, 모두가 중생을 제도하는 방편문일 뿐, 부처인 마음과는 관계가 없다.

마음이 곧 부처다.

그러므로 모든 방편문 가운데에서 부처인 마음이 제일이다.

다만 삶과 죽음 · 번뇌 등의 마음이 없기만 하면, 보리 등의 법도 필요가 없다.

그러므로 말하였다. '부처는 온갖 법을 말하여 나의 모든 마음

---

182) 십지(十地) : 『화엄경』 『십지품(十地品)』에 설해져 있는 보살수행의 52위 가운데 제41위에서 제50위까지를 가리키는데, 보살로서는 최고의 경지이다.

183) 사과(四果) : 소승 증과(證果)의 4계위(階位). 과(果)는 무루지(無漏智)가 생기는 지위. 수다원과 · 사다함과 · 아나함과 · 아라한과.

을 제도한다. 나에게는 아무런 마음이 없으니, 온갖 법이 무슨 필요가 있으랴?"[184]

問:"心旣本來是佛, 還修六度萬行否?"
師云:"悟在於心, 非關六度萬行. 六度萬行, 盡是化門接物度生邊事. 設使菩提眞如實際解脫法身, 直至十地四果聖位, 盡是度門, 非關佛心. 心卽是佛, 所以一切諸度門中, 佛心第一. 但無生死煩惱等心, 卽不用菩提等法. 所以道: '佛說一切法, 度我一切心. 我無一切心, 何用一切法?'

부처로부터 조사에 이르기까지 모두 다른 일을 말한 것이 아니라, 오직 한 마음을 말했고 한 수레[185]를 말했다.

---

184) 규봉종밀(圭峰宗密)이 지은 『선원제전집도서(禪源諸詮集都序)』에 이 구절을 육조혜능(六祖慧能)의 말이라고 소개하고 있으나, 현존 『단경(壇經)』에는 이 구절이 등장하지 않는다.
185) 일승법(一乘法)에 관해서는 『법화경』에 다음과 같이 말하고 있다 : 온 우주의 불국토 속에는 오직 한 수레의 법만이 있을 뿐이니,/ 둘도 없고 셋도 없다. 부처님이 방편으로 하신 말씀만은 예외인데,/ 단지 가짜 이름을 가지고 중생을 인도하는 것일 뿐으로서,/ 부처님의 지혜를 말하기 때문이다. 모든 부처님은 세상에 나오심에/ 오직 이 하나의 일이 진실일 뿐이고, 나머지 둘이라면 진실이 아니다 … 나에게는 방편의 힘이 있어서, 삼승의 법을 열어서 보여 주지만,/ 모든 부처님께선 전부 일승(一乘)의 길을 말씀하신다./ 오늘 이 자리의 모든 대중들은 마땅히 의심을 버려야 하니,/ 모든 부처님의 말씀에는 다름이 없고, 오직 일승일 뿐 이승(二乘)은 없다./ … 이와 같이 모든 부처님께선 여러 가지 인연(因緣)과 비유를 쓰는,/ 헤아릴 수 없는 방편의 힘으로 모든 법의 모습을 자세히 설명하신다./ 이러한 모든 부처님은 모두 일승법을 말씀하셔서/ 헤

그러므로 '온 세계를 하나하나 자세히 찾아도 다시 다른 수레는 없다.'[186)]

아릴 수 없이 많은 중생들을 교화하여 부처님의 길로 들어가게 하신다./ … 미래 세계의 모든 부처님들께서 비록 헤아릴 수 없이 많은 법문(法門)을 말씀하시더라도,/ 헤아릴 수 없이 많은 모든 법문은 사실 일승(一乘)일 뿐이다./ 양족존(兩足尊)이신 모든 부처님께서는 법에는 늘 자성(自性)이 없고/ 부처님이 될 씨앗은 연기(緣起)로 말미암음을 아시니, 이 까닭에 일승을 말씀하신다./ 이 법은 법의 자리에 머물고, 세간의 모습도 늘 세간의 모습으로 머문다./ … 그대들은 의심하지 말지니, 나는 모든 법의 왕이로다./ 널리 모든 대중에게 말하노니, 다만 일승의 길을 가지고/ 모든 보살들을 교화하니 성문(聲聞)인 제자는 없다./ 그대들 사리불과 성문과 보살들은/ 이 묘한 법이 모든 부처님의 비밀스런 요체임을 알아야 한다./ 오탁악세에서 온갖 욕망에 즐겨 집착하는/ 이와 같은 중생들은 마침내 불도(佛道)를 구하지 않는다./ 미래 세상의 악한 사람들은 부처님이 일승을 말씀하시는 것을 듣고서도/ 어리석게 헤매면서 믿고 받아들이지를 않으니, 법을 부수고 악도(惡道)에 떨어질 것이다./ 부끄러움을 아는 깨끗한 마음으로 불도를 구하는 뜻을 가진 자가 있다면,/ 마땅히 이와 같은 이들을 위하여 일승도를 널리 찬양할 것이다./(十方佛土中, 唯有一乘法,/ 無二亦無三, 除佛方便說,/ 但以假名字, 引導於衆生,/ 說佛智慧故. 諸佛出於世,/ 唯此一事實, 餘二則非眞./ … 我有方便力, 開示三乘法,/ 一切諸世尊, 皆說一乘道./ 今此諸大衆, 皆應除疑惑,/ 諸佛語無異, 唯一無二乘./ … 如是諸世尊, 種種緣譬喻,/ 無數方便力, 演說諸法相./ 是諸世尊等, 皆說一乘法,/ 化無量衆生, 令入於佛道./ … 未來世諸佛, 雖說百千億,/ 無數諸法門, 其實爲一乘./ 諸佛兩足尊, 知法常無性,/ 佛種從緣起, 是故說一乘./ 是法住法位, 世間相常住./ … 汝等勿有疑, 我爲諸法王./ 普告諸大衆, 但以一乘道,/ 敎化諸菩薩, 無聲聞弟子./ 汝等舍利弗, 聲聞及菩薩,/ 當知是妙法, 諸佛之祕要./ 以五濁惡世, 但樂著諸欲,/ 如是等衆生, 終不求佛道./ 當來世惡人, 聞佛說一乘,/ 迷惑不信受, 破法墮惡道./ 有慚愧淸淨, 志求佛道者,/ 當爲如是等, 廣讚一乘道.)『묘법연화경』「방편품」제2)

'이 무리에 가지와 잎은 없고 오직 온갖 잘 익은 열매[187]들뿐이다.'[188]

---

186) 『묘법연화경』 제2권 「비유품 제3」에 나오는 구절. 『법화경』에서 일불승(一佛乘) 일 뿐 나머지 승(乘)은 없다고 말하는 구절을 찾아보면, 다음과 같다 : (舍利弗, 如來但以一佛乘故爲衆生說法, 無有餘乘若二若三. 舍利弗, 一切十方諸佛法亦如是. 舍利弗, 過去諸佛以無量無數方便種種因緣譬喩言辭, 而爲衆生演說諸法, 是法皆爲一佛乘故. 是諸衆生從諸佛聞法, 究竟皆得一切種智.)(『妙法蓮華經』「方便品」第二.) (舍利弗, 汝等當一心信解受持佛語. 諸佛如來言無虛妄, 無有餘乘唯一佛乘.)(『妙法蓮華經』「方便品」第二.) (唯以佛乘而得滅度, 更無餘乘, 除諸如來方便說法.)(『妙法蓮華經』「化城喩品」第七.)

187) 정실(貞實) : ①사철 푸른 식물의 과실. ②단단하게 잘 익은 과실.

188) 『묘법연화경』「방변품 제2」에 나오는 구절. 앞뒤의 내용은 다음과 같다 : 그때 세존께서 사리불에게 말씀하셨다. "그대가 이미 간절하게 세 번 청하였으니, 내가 어찌 말하지 않을 수 있겠느냐? 그대는 이제 잘 듣고 잘 생각하여라. 내가 이제 그대를 위하여 자세히 설명하겠다." 이렇게 말씀하셨을 때 모임 가운데 비구ㆍ비구니ㆍ우바새ㆍ우바이 5천 명 정도는 곧 자리에서 일어나 부처님께 절을 올리고는 나가 버렸다. 까닭이 무엇인가? 이들은 죄의 뿌리가 깊고 무거워서 증상만(增上慢)에 이르렀으니, 얻지 못하고도 얻었다고 말하고 깨닫지 못하고도 깨달았다고 여겼기 때문이다. 이러한 실수가 있었기 때문에 그들은 머물지 않았던 것이다. 세존께선 묵묵히 계시면서 그들을 제지하지 않으셨다. 그때 부처님께서 사리불에게 말씀하셨다. "지금 이 대중 속에는 다시 가지와 잎은 없고 순수하게 잘 익은 열매만 있을 뿐이다. 사리불아, 이와 같은 증상만인(增上慢人)들은 물러가는 것이 좋다. 그대는 이제 잘 들어라, 그대를 위하여 말하겠다."(爾時世尊告舍利弗: "汝已慇懃三請, 豈得不說? 汝今諦聽, 善思念之, 吾當爲汝分別解說." 說此語時, 會中有比丘比丘尼優婆塞優婆夷五千人等, 卽從座起禮佛而退. 所以者何? 此輩罪根深重及增上慢, 未得謂得, 未證謂證, 有如此失, 是以不住. 世尊黙然而不制止. 爾時佛告舍利弗: "我今此衆無復枝葉, 純有貞實. 舍利弗, 如是增上慢人, 退亦佳矣. 汝今善聽, 當爲汝說.")

그러므로 이 뜻은 믿기가 어렵다.

달마 대사가 이 땅에 와서 양(梁) 나라와 위(魏) 나라에 이르렀으나, 다만 혜가 한 사람만이 자신의 마음을 가만히 믿어서 말을 듣고 곧장 이 마음이 바로 부처임을 알았던 것이다.[189]

---

189) 『경덕전등록』 제3권에 보면, 달마와 혜가 사이에 법을 전하는 문답은 다음과 같이 몇 개가 있다 : 신광(神光=혜가)이 말했다. "모든 부처님의 법의 도장을 말씀해 주실 수 있습니까?" 달마가 말했다. "모든 부처님의 법의 도장은 남에게서 얻는 것이 아니다." 신광이 말했다. "저의 마음이 아직 편안하지 못합니다. 스님께서 편안하게 하여 주십시오." 달마가 말했다. "마음을 가져오너라. 그대를 편안하게 해 주겠다." 신광이 말했다. "마음을 찾아도 전혀 얻을 수 없습니다." 달마가 말했다. "내가 그대의 마음을 편안하게 해 주었다."(光曰: "諸佛法印, 可得聞乎?" 師曰: "諸佛法印, 匪從人得." 光曰: "我心未寧, 乞師與安." 師曰: "將心來, 與汝安." 曰: "覓心了不可得." 師曰: "我與汝安心竟.") 별기(別記)에서 말한다. "달마 스님이 처음 소림사(少林寺)에서 9년간 머물다가 2조에게 설법(說法)하여 다만 가르치기를 '밖으로 온갖 인연을 쉬고 안으로 마음에 헐떡임이 없어서, 마음이 담벼락과 같아야 도에 들어갈 만하다'라고 하였다. 혜가(慧可)는 여러 번 심성(心性)의 이치를 설명하였으나, 도에는 계합하지 못하고 있었다. 달마는 다만 그것이 아니라고 저지할 뿐, 생각 없는 마음의 바탕을 말해 주지는 않았다. 혜가가 말했다. '저는 이미 모든 인연을 쉬었습니다.' 달마가 물었다. '단멸을 이룬 것은 아니냐?' '단멸을 이루지 않았습니다.' '어떻게 확인하였기에 단멸이 아니라고 하느냐?' '또렷이 늘 알고 있는 까닭입니다. 말로는 설명할 수 없습니다.' 이에 달마가 말했다. '이것이 바로 모든 부처님이 전하신 마음의 바탕이니 다시 의심하지는 마라.'"(別記云: "師初居少林寺九年, 爲二祖說法 秖敎曰: '外息諸緣, 內心無喘, 心如牆壁, 可以入道.' 慧可種種說心性理, 道未契. 師秖遮其非, 不爲說無念心體. 慧可曰: '我已息諸緣.' 師曰: '莫不成斷滅去否?' 可曰: '不成斷滅.' 師曰: '何以驗之, 云不斷滅?' 可曰: '了了常知故, 言之不可及.' 師曰: '此是諸佛所傳心體, 更勿疑也.'") (달마는) 인도로 돌아가려 할 때 문인(門人)들에게 말했다. "때가 되었다. 그대들은 각자 얻은 바를 말해 보라." 그때 문

몸과 마음이 모두 없음을 이름하여 대도(大道)라 한다.

대도는 본래 평등하다.

그러므로 중생이 하나의 참 성품을 같이 지녔음을 깊이 믿어라.

마음과 본성은 다르지 않으니, 본성이 곧 마음이다.

마음이 본성과 다르지 않음을 이름하여 조사(祖師)라 한다.

그러므로 말한다.

'마음과 본성을 알아차릴 때는 불가사의(不可思議)하다고 말할 만하다.'"[190]

인 도부(道副)가 답했다. "저의 소견(所見)으로는, 문자(文字)에 집착하지도 않고 문자를 여의지도 않는 것이 도의 작용입니다." 달마가 말했다. "그대는 나의 피부를 얻었다." 니총지(尼總持)가 말했다. "제가 지금 아는 바는, 아난(阿難)이 아촉불국(阿閦佛國)을 봄에 한 번 보고는 두 번 다시 보지 않는 것과 같습니다." 달마가 말했다. "그대는 나의 살을 얻었다." 도육(道育)이 말했다. "사대(四大)는 본래 공(空)하고 오음(五陰)은 있는 것이 아니므로, 저의 견처(見處)에서는 얻을 만한 하나의 법(法)도 없습니다." 달마가 말했다. "그대는 나의 뼈를 얻었다." 마지막으로 혜가(慧可)는 일어나 절한 뒤에 제자리에 그대로 서 있었다. 달마가 말했다. "그대가 나의 골수(骨髓)를 얻었구나."(欲西返天竺, 乃命門人曰: "時將至矣. 汝等盍各言所得乎." 時門人道副對曰: "如我所見, 不執文字, 不離文字, 而爲道用." 師曰: "汝得吾皮." 尼總持曰: "我今所解, 如慶喜觀阿閦佛國, 一見更不再見." 師曰: "汝得吾肉." 道育曰: "四大本空, 五陰非有, 而我見處, 無一法可得." 師曰: "汝得吾骨." 最後慧可禮拜後, 依位而立. 師曰: "汝得吾髓.")

190) 『경덕전등록』 제2권에 나오는 제23조 학륵나(鶴勒那) 존자의 게송. 전체 게송은 다음과 같다. "마음과 본성을 알아차릴 때는 불가사의하다고 말할 만하다. 얻을 것이 없음을 또렷이 밝혔으니, 얻었을 때는 안다고 말하지 마라."(認得心性時, 可說不思議. 了了無可得, 得時不說知.)

從佛至祖, 並不論別事, 唯論一心, 亦云一乘. 所以十方諦求, 更無餘乘. 此衆無枝葉, 唯有諸貞實. 所以此意難信. 達摩來此土, 至梁魏二國, 祇有可大師一人, 密信自心, 言下便會, 卽心是佛. 身心俱無, 是名大道. 大道本來平等. 所以深信含生同一眞性. 心性不異, 卽性卽心. 心不異性, 名之爲祖. 所以云: '認得心性時, 可說不思議.'"

5. 중생 제도

물었다.
"부처님께서 중생을 제도하십니까?"
황벽이 말했다.
"여래께서 제도할 중생은 진실로 없다.[191] 나 자신도 오히려 얻을 수 없는데, 나 아닌 것을 어떻게 얻을 수 있겠느냐? 부처와 중생을 모두 얻을 수 없다."

問: "佛度眾生否?"
師云: "實無眾生如來度者. 我尙不可得, 非我何可得? 佛與眾生皆不可得."

물었다.

---

191) 구마라집(鳩摩羅什) 역 『금강반야바라밀경』에 다음의 구절이 있다. "모든 보살들은 마땅히 이렇게 그 마음을 항복시켜야 한다. 존재하는 모든 중생들—난생이든 태생이든 습생이든 화생이든 유색이든 무색이든 유상이든 무상이든 비유상이든 비무상이든—을 나는 모두 무여열반에 들어가게 하여 해탈시킨다. 이렇게 헤아릴 수 없고 끝이 없는 중생들을 해탈시켰지만, 사실은 해탈한 중생이 없다. 무슨 까닭인가? 수보리야, 만약 보살이 나라는 생각·사람이라는 생각·중생이라는 생각·목숨이라는 생각이 있다면 보살이 아니기 때문이니라." (佛告須菩提: "諸菩薩摩訶薩, 應如是降伏其心. 所有一切眾生之類 — 若卵生若胎生若濕生若化生, 若有色若無色, 若有想若無想, 若非有想非無想 — 我皆令入無餘涅槃而滅度之. 如是滅度無量無數無邊眾生, 實無眾生得滅度者. 何以故? 須菩提. 若菩薩有我相人相眾生相壽者相, 卽非菩薩.")

"삼십이상(三十二相)¹⁹²⁾을 갖추고서 중생을 제도하셨는데, 어떻게 없다고 말할 수 있습니까?"

황벽이 말했다.

"'무릇 모습 있는 것은 모두 허망하다. 만약 모든 모습을 모습이 아니라고 본다면, 여래를 보는 것이다.'¹⁹³⁾

부처와 중생은 모두 그대가 만든 허망한 견해이다.

단지 본래 마음을 알지 못하기 때문에 거짓으로 견해를 만들지만, 부처라는 견해를 만들자마자 곧 부처에게 가로막히고, 중생이라는 견해를 만들면 중생에게 가로막힌다.

범부니 성인이니 깨끗하니 더럽니 하는 등의 견해를 만들면, 이들 견해는 모두 장애물이 되어 그대의 마음을 가로막는다.

그러므로 모두가 윤회(輪廻)¹⁹⁴⁾를 이루니, 마치 원숭이가 하나를 놓고 하나를 쥐고 하면서 쉴 날이 없는 것과 같다.

무엇보다도 먼저¹⁹⁵⁾ 배움이란 마땅히¹⁹⁶⁾ 배움이 없어야 하는 것

---

192) 삼십이상(三十二相) : 부처님 몸에 갖추어진 32가지 특징적인 모습. 삼십이대인상(三十二大人相)·삼십이대장부상(三十二大丈夫相)이라고도 함. 이 상을 갖춘 이는 세속에 있으면 전륜왕(轉輪王), 출가하면 부처님이 된다고 함.

193) 구마라집(鳩摩羅什) 역 『금강반야바라밀경』 「5 여리실견분(如理實見分)」에 나오는 게송.

194) 윤전(輪轉) : 바퀴가 돌아감. 윤회(輪廻)와 같음. 삼계육도(三界六道)를 바퀴가 돌아가듯이 끊임없이 돌면서 헤매는 것을 말함.

195) 일등(一等) : 무엇보다 먼저. 첫째로.

196) 직수(直須) : 반드시. 마땅히.(-해야 한다)

이니, 범부도 없고 성인도 없고, 깨끗함도 없고 더러움도 없고, 큼도 없고 작음도 없고, 번뇌도 없고 할 일도 없다.

이와 같은 한 마음 속에서 방편으로 부지런히 장식한다면, 그대가 삼승십이분교를 배웠다고 인정하겠다.[197]

모든 견해는 전부 내버려야만 한다.

그러므로 '소유물을 내버리고 오직 한 개 침상만을 놓고서 병들어 누워 있다.'[198]고 한 것이다.

단지 어떤 견해도 일으키지 않고 얻을 만한 한 법도 없어서 법에 가로막히지 않고 삼계(三界)의 범부와 성인의 경계를 벗어난다면, 비로소 세간을 벗어난 부처라고 일컬을 만하다.

그러므로 '허공처럼 의지함 없음에 머리 숙여 절합니다.'[199]고 한 것이니, 외도(外道)를 뛰어넘은 것이다.

마음이 이미 다름이 없으면 법 역시 다름이 없고, 마음이 이미 무위(無爲)이면 법 역시 무위이니, 온갖 법은 모두 마음으로 말미암아 변화하기 때문이다.

그러므로 내 마음이 공(空)이기 때문에 온갖 법이 공이다.

삼라만상이 모두 마찬가지이니, 모든 우주의 허공과 세계가 한 마음의 바탕과 같다.

---

197) 청(聽) : ①듣다. ②받아들이다. 따르다. ③-하는 대로 내맡기다. 제멋대로 하도록 내버려두다. 자유에 맡기다.
198) 구마라집 역『유마힐소설경』 중권(中卷)「문수사리문질품 제5」에 나오는 구절.
199) 구마라집 역『유마힐소설경』 상권「불국품 제1」에 나오는 게송의 구절.

마음이 본래 다르지 않으면, 법 역시 다르지 않다.

다만 그대의 견해가 같지 않기 때문에 차별이 있는 것이니, 비유하면 모든 하늘의 중생들이 같은 보배 그릇으로 식사를 하지만 그 복덕(福德)에 따라서 밥의 색깔에 차이가 있는 것과 같다.

온 우주의 모든 부처님에게는 진실로 얻을 수 있는 조그마한 법도 없음을 일러 위없이 바르고 평등한 깨달음이라고 한다.

단지 하나의 마음일 뿐, 진실로 다른 모습이 없고, 또한 빛이나 색깔도 없고, 훌륭하거나 못난 것도 없다.

훌륭한 것이 없기 때문에 부처의 모습이 없고, 못난 것이 없기 때문에 중생의 모습이 없다."

云: "現有三十二相及度衆生, 何得言無?"

師云: "'凡所有相, 皆是虛妄. 若見諸相非相, 卽見如來.'佛與衆生, 盡是汝作妄見. 只爲不識本心, 謾作見解, 纔作佛見, 便被佛障, 作衆生見, 被衆生障. 作凡作聖作淨作穢等見, 盡成其障, 障汝心. 故總成輪轉, 猶如獼猴放一捉一, 無有歇期. 一等是學, 直須無學, 無凡無聖, 無淨無垢, 無大無小, 無漏無爲, 如是一心中, 方便勤莊嚴, 聽汝學得三乘十二分敎. 一切見解, 總須捨卻. 所以'除去所有, 唯置一牀, 寢疾而臥.'祇是不起諸見, 無一法可得, 不被法障, 透脫三界凡聖境域, 始得名爲出世佛. 所以云: '稽首如空無所依.'出過外道. 心旣不異, 法亦不異, 心旣無爲, 法亦無爲, 萬法盡由心變. 所以我心空故諸法空. 千品萬類悉皆同, 盡十方空界同一心體. 心本不異, 法亦不異. 祇爲汝見解不同, 所以差別, 譬如諸天共寶器食, 隨其福德飯色有異. 十方諸佛實無少法可得, 名爲阿耨菩提. 祇是一心, 實無異相, 亦無光彩, 亦無勝負. 無勝故無佛相, 無負故無衆生相."

물었다.

"마음에 이미 모습이 없다고 하지만, 어찌 삼십이상(三十二相)[200]과 팔십종호(八十種好)[201]로써 중생을 교화하여 제도한 일이 전혀 없을 수 있겠습니까?"

황벽이 말했다.

"삼십이상은 모습에 속하니, 무릇 모습으로 있는 것은 전부 허망하다.[202] 팔십종호는 색깔에 속하니, 만약 색으로써 나를 본다면 이 사람은 삿된 길을 가는 것이니 여래를 보지 못할 것이다."[203]

云:"心旣無相, 豈得全無三十二相八十種好化度衆生耶?"

師云:"三十二相屬相, 凡所有相, 皆是虛妄. 八十種好屬色, 若以色見我, 是人行邪道, 不能見如來."

---

200) 삼십이상(三十二相) : 부처님 몸에 갖추어진 32가지 특징적인 모습. 삼십이대인상(三十二大人相)·삼십이대장부상(三十二大丈夫相)이라고도 함. 이 상을 갖춘 이는 세속에 있으면 전륜왕(轉輪王), 출가하면 부처님이 된다고 함.
201) 팔십종호(八十種好) : 팔십수형호(八十隨形好). 부처님의 몸에 갖추어진 미묘한 표지로서 32상(相)에 따르는 잘 생긴 모양이란 뜻. 32상을 다시 세밀하게 나누어 놓은 것.
202) 『금강경』 사구게(四句偈)의 한 구절.
203) 『금강경』의 한 구절.

6. 불성

물었다.

"부처의 본성과 중생의 본성이 같습니까? 다릅니까?"

황벽이 말했다.

"본성에는 같고 다름이 없다.

만약 삼승(三乘)의 가르침에 의거한다면,[204] 부처의 본성이 있고 중생의 본성이 있다고 말할 것이다. 그리하여 삼승의 인과법(因果法)이 있게 되면, 같고 다름이 있을 것이다.

만약 불승(佛乘)과 조사가 서로 전한 바에 의거한다면, 이와 같은 일을 말하지는 않는다. 오직 한 개 마음을 가리킬 뿐이고, 같음도 아니고 다름도 아니고, 원인도 아니고 결과도 아니다.

그러므로 말했다. '오직 이 일승(一乘)의 도(道)만 있을 뿐이고, 둘도 없고 셋도 없지만, 부처님이 방편으로 하신 말씀만은 예외이다.'"[205]

問:"佛性與衆生性, 爲同爲別?"

師云:"性無同異. 若約三乘敎, 卽說有佛性有衆生性. 遂有三乘因果, 卽有同異. 若約佛乘及祖師相傳, 卽不說如是事. 惟指一心, 非同非異, 非因非果. 所以云:'唯此一乘道, 無二亦無三, 除佛方便說.'"

---

204) 약(約) : 의거하다. 근거하다.
205) 『묘법연화경』 「방편품」 제2에 나오는 구절.

7. 무변신보살

물었다.

"무변신보살(無邊身菩薩)[206]은 무엇 때문에 여래의 정수리[207]를 보지 못합니까?"

황벽이 답했다.

"진실로 볼 수 있는 것이 없기 때문이다.

무슨 까닭인가?

무변신보살(無邊身菩薩)은 곧 여래(如來)이니, 여래가 다시 여래를 볼 수는 없다.

다만 그대들이 부처라는 견해를 만들지 못하게 하고, 부처라는 경계에 떨어지지 않도록 하고, 중생이라는 견해를 짓지 못하게 하고, 중생이라는 경계에 떨어지지 않도록 하고, 있다는 견해를 짓지 못하게 하고, 있다는 경계에 떨어지지 않도록 하고, 없다는 견해를 짓지 못하도록 하고, 없다는 경계에 떨어지지 않도록 하고, 범부라는 견해를 짓지 못하도록 하고, 범부라는 경계에 떨어지지

---

206) 무변신보살(無邊身菩薩) : 『대반열반경』 제1권 「제1 수명품(壽命品)」에 등장하는 보살. 가없는 몸을 가진 보살. 가없는 몸이란 곧 안팎의 경계가 없는 불신(佛身)을 가리킨다.

207) 정상(頂相) : 부처님 32상(相)의 하나. 육계상(肉髻相)과 같음. 부처님의 정골(頂骨)이 솟아 저절로 상투 모양이 된 것을 말한다. 이 모양은 인간이나 천상에서는 볼 수 없는 것이므로 무견정상(無見頂相)이라고도 한다.

않도록 하고, 성인이라는 견해를 짓지 못하도록 하고, 성인이라는 경계에 떨어지지 않도록 하는 것일 뿐이다.

어떤 견해도 없다면, 곧 무변신(無邊身)이다.

만약 견해가 있다면, 외도(外道)라고 일컫는다.

외도는 온갖 견해를 좋아하고, 보살은 온갖 견해에서 흔들리지 않고, 여래는 온갖 법이 도리에 알맞다.[208]

그러므로 말한다. '미륵(彌勒)도 그러하고, 여러 성현(聖賢)의 무리도 그러하다.'[209]

진여(眞如)라면 생겨나지 않고, 진여라면 사라지지 않는다.

진여라면 보이지 않고, 진여라면 들리지 않는다.

여래의 정수리는 곧 두루 보는 것이기도 하고 두루 봄이 없는 것이기도 하다.

---

208) 여의(如義) : =여법(如法). 법과 같음. 법에 알맞음. 의(義)는 도리(道理)인 법(法)을 가리킴.

209) 『유마힐소설경』 「제4 보살품」에 나오는 구절. 원문은 다음과 같다 : "그런데 어떻게 미륵께선 수기를 얻습니까? 진여(眞如)가 생겨남에 의지하기 때문에 수기를 얻었습니까? 진여가 사라짐에 의지하기 때문에 수기를 얻었습니까? 만약 진여가 생겨남에 의지하여 수기를 얻는다면, 진여는 생겨나는 것이 아닙니다. 만약 진여가 사라짐에 의지하여 수기를 얻는다면, 진여는 사라지는 것이 아닙니다. 생겨나지도 않고 사라지지도 않는 진여의 도리 속에는 수기가 없습니다. 모든 중생이 모두 진여입니다. 모든 법 역시 진여입니다. 모든 성현(聖賢) 역시 진여입니다. 나아가 미륵보살도 진여입니다."(云何彌勒受一生記乎? 爲從如生得受記耶? 爲從如滅得受記耶? 若以如生得受記者, 如無有生. 若以如滅得受記者, 如無有滅. 一切衆生皆如也. 一切法亦如也. 衆聖賢亦如也. 至於彌勒亦如也.)

그러므로 두루 본다는 경계에 떨어지지 않는다.

그러므로 부처의 몸은 무위(無爲)여서 여러 숫자[210]에 떨어지지 않는다.

방편으로 허공(虛空)에 비유하니, 커다란 허공과 두루 같아서 모자람도 없고 남음도 없다.

조작 없이[211] 내키는 대로 지내면서[212] 일부러[213] 저 경계를 분별하지는 마라.

분별하면 곧 분별의식(分別意識)이 이루어진다.

그러므로 말했다. '원성실성(圓成實性)[214]이 의식(意識)의 바다에 빠지니, 흘러다니는 것이 바람에 흩날리는 쑥[215]처럼 정처 없다.'[216]

---

210) 수(數) : 24불상응행의 하나. 물(物)·심(心)의 온갖 법을 헤아려 세는 수. 곧 1·10·100 등의 분위(分位).

211) 무사(無事) : 일 없음. 조작 없음.

212) 등한(等閑) : ①예사롭다. 보통이다. ②쉽다. ③내키는 대로 하다. ④헛되이, 실없이, 공연히. =등한(等閒).

213) 강(彊) : 일부러. 고의로.

214) 원성실성(圓成實性) : 유식학(唯識學)의 용어. 진여의 세계. 의타기성의 식(識)에서 망상분별인 변계소집성이 멸한 상태. 원성실성은 붓다의 인식의 세계로서 "버들은 푸르고 꽃은 붉다."고 하는 사물 그 자체를 그대로 인식하는 것이다. 원성실성은 의타기성·변계소집성과 다른 것으로 별개로 존재하는 것이 아니다. 이 세 가지 자성은 미혹의 세계를 깨달음의 세계로 전환하는 실천을 뒷받침하는 방편의 가르침이다. 따라서 의타기인 식이 공성(空性)임을 아는 것은 무분별지(無分別智)인 반야에 의해서이다. 이 반야에 의해 의타기성이 공성임을 알지 못하는 상태를 변계소집성이라고 하고, 깨달은 상태를 원성실성이라고 부르는 것이다.

215) 표봉(飄蓬) : ①바람에 흩날리는 쑥. ②정처 없이 떠돌아다님.

단지 말하기를 '내가 알았다. 배워 얻었다. 계합하여 깨달았다. 해탈했다. 도리(道理)가 있다.'라고 하지만, 강한 곳에서는 마음대로 되더라도 약한 곳에서는 마음대로 되지 않는다.

이와 같은 견해라면, 무슨 쓸모가 있겠는가?

내가 그대들에게 말한다. 조작 없이 내키는 대로 지내면서, 공연히[217] 마음을 쓰지 마라. 진실을 구할 필요가 없으니, 다만 견해를 쉬기만 하라.

---

216) 『양조부대사송금강경(梁朝傅大士頌金剛經)』에서 「정신희유분(正信希有分)」의 "무슨 까닭인가? 이 모든 중생들은 다시는 나라는 생각·사람이라는 생각·중생이라는 생각·목숨이라는 생각을 하지 않고, 법이라는 생각도 하지 않고 법이 아니라는 생각도 하지 않을 것이기 때문이다. 무슨 까닭인가? 이 모든 중생들이 만약 마음에 생각을 가진다면 나·사람·중생·목숨에 집착할 것이고, 만약 법이라는 생각을 가진다면 나·사람·중생·목숨에 집착할 것이기 때문이다. 무슨 까닭인가? 만약 법이 아니라는 생각을 가진다면, 나·사람·중생·목숨에 집착할 것이기 때문이다."(何以故? 是諸衆生無復我相人相衆生相壽者相, 無法相亦無非法相. 何以故? 是諸衆生, 若心取相, 則着我人衆生壽者, 若取法相, 卽着我人衆生壽者. 何以故? 若取非法相, 卽着我人衆生壽者.)에 대하여 부대사가 미륵송왈(彌勒頌曰)로 부친 게송 가운데 한 구절. 전체 게송은 다음과 같다 : "사람도 공이고 법 역시 공이니, 두 모습이 본래 같다./ 변계소집성(遍計所執性)은 허망한 분별이고, 의타기성(依他起性)은 꽉 막혀 통하지 않음이라./ 원성실성(圓成實性)은 의식의 바다를 말하니, 흘러다니는 것이 마치 바람에 흩날리는 쑥대같구나./ 무생법인(無生法忍)을 알고자 한다면, 마음 밖에서 종적(蹤跡)을 끊어라./ 이 까닭에 법도 취하지 말아야 하고, 법 아닌 것도 취하지 말아야 한다.(人空法亦空, 二相本來同./ 遍計虛分別, 依他礙不通./ 圓成說識海, 流轉若飄蓬./ 欲識無生忍, 心外斷行蹤./ 是故不應取法, 不應取非法.)"

217) 만(謾) : ①헛되이, 공연히. ②마음대로, 마구, 함부로.

그러므로 안과 밖을 보는 것이 모두 잘못이고, 불도(佛道)와 마도(魔道)가 모두 나쁘다.

그러므로 문수(文殊)는 잠깐 둘이라는 견해[218]를 일으켜서 이철위산(二鐵圍山)[219] 속에 떨어졌다.[220]

문수(文殊)는 진실한 지혜이고, 보현(普賢)은 방편의 지혜이다.

방편과 진실이 서로 대치(對治)[221]하니, 마침내 방편도 진실도

---

218) 이견(二見) : 단견(斷見)과 상견(常見). 혹은 유견(有見)과 무견(無見).
219) 이철위산(二鐵圍山) : 수미산을 중심으로 하는 아홉 겹의 산 가운데서 아홉 번째 산으로, 대철위산(大鐵圍山)·소철위산(小鐵圍山)의 둘로 이루어져 있다.
220) 『제불요집경(諸佛要集經)』에 다음 이야기가 나온다 : 이때 천왕여래(天王如來)가 욕계와 색계 중간에 보방(寶坊; 절)을 세우고 『대집경(大集經)』을 말씀하였다. 문수가 미륵에게 알리기를, "함께 천왕여래의 처소로 갑시다."라고 하니, 미륵이 말하기를, "문수여, 어떠한 여래이든 드러난 모습으로 보아서는 안 된다네."라고 하며 사양하고 가지 않았다. 문수가 잠깐 사이에 바로 천왕여래의 처소에 이르렀으나, 여래는 은밀하게 신통력을 부려 문수를 이철위산(二鐵圍山)으로 내쳤다. 문수는 누가 자신을 들어서 내쳤는지조차 깨닫지 못하였다. 여래가 그를 불렀으므로 문수는 다시 여래의 처소로 갔다. 거기서 여러 부처님을 만났는데, 각자 자기가 머물던 곳으로 되돌아가고 있었다." 『제불요집경(諸佛要集經)』은 서진(西晉)의 축법호(竺法護)가 한역(漢譯)한 것이 남아 있는데 이 이야기가 길고 상세하게 서술되어 있다.
221) 대치(對治) : 상대하여 다스리다. 상대되는 두 개념을 가지고 그 두 개념이 서로 의지하여 성립하므로 실상은 둘이 아니라는 것을 보임으로써 분별하는 마음이 소멸되도록 하는 것. 『육조법보단경(六祖法寶壇經)』의 「법문대시(法門對示) 제9」에 이러한 내용을 자세히 말하고 있다. "내 이제 너희들이 법을 말함에 근본을 잃지 않도록 해 주겠다. 먼저 삼과법문(三科法門)을 들어서, 움직이고 작용함에는 36가지로 상대(相對)시키고, 나고 듦에는 양변(兩邊)을 떠나며, 모든 법(法)을 말하되 자성(自性)을 떠나지 말아야 한다. 만약 누가 너희에게 법(法)

없고 다만 한 개 마음이다.

마음은 결코 부처도 아니고 중생도 아니고[222] 다른 견해도 없다.

부처라는 견해가 있기만 하면 곧 중생이라는 견해도 만든다.

있다는 견해와 없다는 견해, 상주(常住)라는 견해와 단멸(斷滅)이라는 견해가 곧 이철위산(二鐵圍山)을 이룬다.

견해의 장애에 가로막히기 때문에 조사(祖師)께선 모든 중생의 본래 마음의 본바탕이 본래 부처로서 닦음에 의하여 이루어지는 것이 아니고, 점차적인 단계에 속하는 것도 아니며, 밝음도 어둠도 아님을 곧장 가리키셨다.

밝음이 아니기 때문에 밝음이 없고, 어둠이 아니기 때문에 어둠이 없다.

그러므로 무명(無明)도 없고 무명이 다함도 없다.

나의 이 종문(宗門)에 들어오면 반드시 조심해야 한다.[223]

이와 같이 볼 수 있다면 일컬어 법(法)이라 하고, 법을 보기 때문에 일컬어 불(佛)이라 하고, 법과 불이 모두 없다면 일컬어 승

을 묻거든, 말을 함에 모두 쌍(雙)으로 하고 대법(對法)을 취하여 오고 감이 서로 인(因)이 되게 하다가, 마지막에는 두 법(法)을 모두 없앰으로써 달리 갈 곳이 없게 하여야 한다."(吾今教汝說法, 不失本宗. 先須擧三科法門, 動用三十六對, 出沒卽離兩邊, 說一切法, 莫離自性. 忽有人問汝法, 出語盡雙, 皆取對法, 來去相因, 究境二法盡除, 更無去處.) 이러한 방편은 나가르주나의 『중론(中論)』의 방편과 동일한 방식이라고 할 수 있다.

222) 차불(且不) : 전혀 –하지 않다.
223) 재의(在意) : 주의하다. 조심하다.

(僧)이라 한다.

승(僧)이 됨이 없다고 여기면,[224] 또한 일컬어 일체삼보(一體三寶)[225]라 한다.

무릇 법을 구하는 자는 부처에 집착하여 구하지도 말고, 법에 집착하여 구하지도 말고, 대중(大衆)에 집착하여 구하지도 말고, 구하는 바가 없어야 한다.

부처에 집착하여 구하지 않기 때문에 부처가 없고, 법에 집착하여 구하지 않기 때문에 법이 없고, 대중에 집착하여 구하지 않기 때문에 승(僧)이 없다."

問: "無邊身菩薩, 爲什麽不見如來頂相?"

師云: "實無可見. 何以故? 無邊身菩薩, 便是如來, 不應更見. 祇教你不作佛見, 不落佛邊, 不作衆生見, 不落衆生邊, 不作有見, 不落有邊, 不作無見, 不落無邊, 不作凡見, 不落凡邊, 不作聖見, 不落聖邊. 但無諸見, 卽是無邊身. 若有見處, 卽名外道. 外道者樂於諸見, 菩薩於諸見而不動, 如來者卽諸法如義. 所以云: '彌勒亦如也, 衆聖賢亦如也.' 如卽無生, 如卽無滅. 如卽無見, 如卽無聞. 如來頂, 卽是圓見, 亦無圓見. 故不落圓邊. 所以佛身無爲, 不墮諸數. 權以虛空爲喩, 圓同太虛, 無欠無餘. 等閑無事, 莫彊辯他境. 辯着便成識. 所以云: '圓成沈識海, 流轉若飄蓬.' 祇道: '我知也,

---

224) 환작(喚作): -라 여기다. -라 부르다. =환주(喚做).
225) 일체삼보(一體三寶): 동체삼보(同體三寶)와 같음. 불법승(佛法僧) 삼보(三寶)가 일체(一體)라는 뜻.

學得也. 契悟也. 解脫也. 有道理也.' 彊處卽如意, 弱處卽不如意. 似者箇見解, 有什麽用處? 我向汝道. 等閒無事, 莫謾用心. 不用求眞, 唯須息見. 所以內外見俱錯, 佛道魔道俱惡. 所以文殊暫起二見, 貶向二鐵圍山. 文殊卽實智, 普賢卽權智. 權實相對治, 究竟亦無權實, 唯是一心. 心且不佛不衆生, 無有異見. 纔有佛見, 便作衆生見. 有見無見, 常見斷見, 便成二鐵圍山. 被見障故, 祖師直指一切衆生本心本體本來是佛, 不假修成, 不屬漸次, 不是明暗. 不是明故無明, 不是暗故無暗. 所以無無明, 亦無無明盡. 入我此宗門, 切須在意. 如此見得, 名之爲法, 見法故, 名之爲佛, 佛法俱無, 名之爲僧. 喚作無爲僧, 亦名一體三寶. 夫求法者, 不着佛求, 不着法求, 不着衆求, 應無所求. 不着佛求故無佛, 不着法求故無法, 不着衆求故無僧."

8. 무승역무법

물었다.

"스님께선 지금 법을 말씀하시면서, 어찌 승(僧)도 없고 법(法)도 없다고 말하실 수가 있습니까?"

황벽이 말했다.

"그대가 만약 말할 만한 법이 있다고 본다면, '음성(音聲)으로써 나를 구하는 것'[226]이다.

만약 내가 있다고 본다면, 곧 처소(處所)이다.

법은 곧 없는 법이니, 법이 곧 마음이다.

그러므로 조사가 말했다.

'이 마음법을 부촉할 때

법이니 법이니 하지만 어찌 법이 있겠는가?

법도 없고 본래 마음도 없어야

비로소 마음과 마음이 법임을 알 것이다.'[227]

---

226) 『금강경』「26. 법신비상분(法身非相分)」에 나오는 "만약 색깔로써 나를 보거나 음성으로써 나를 구한다면, 이 사람은 삿된 도를 행하는 것이니 여래를 볼 수 없다."(若以色見我, 以音聲求我, 是人行邪道, 不能見如來.)라는 구절에서 온 말.
227) 4구 가운데 앞 2구는 석가모니불(釋迦牟尼佛)이 아난(阿難)에게 준 다음 게송 가운데 뒤 2구이다. "법이라 하지만 본래 법에는 법이 없으니,/ 법 없는 법 역시 법이다./ 이제 법 없음을 부촉할 때,/ 법이니 법이니 하지만 일찍이 무슨

참으로 얻을 수 있는 한 법도 없는 것을 일러 도량(道場)에 앉는 다고 한다.

도량이란 다만 어떤 견해도 일으키지 않는 것이다.

법이 본래 공(空)임을 깨닫는다면, 공여래장(空如來藏)이라고 일컫는다.

'본래 한 물건도 없는데, 어느 곳에 먼지와 때가 끼겠는가?'[228]

만약 이 말 속의 뜻을 얻는다면, 자유롭게 노닐[229] 뿐 무슨 할 말이 있겠는가?"

問: "和尙見今說法, 何得言無僧亦無法?"

법이 있었겠는가?"(法本法無法, 無法法亦法. 今付無法時, 法法何曾法)『경덕전등록』제1권 '석가모니불' 뒤 2구는 제6조 미차가(彌遮迦)가 제7조 바수밀(婆須蜜)에게 준 다음 게송 가운데 뒤 2구이다. "마음이 없으니 얻을 것도 없고,/ 말은 하지만 법이라 일컫지는 않는다./ 만약 마음이 마음이 아님을 깨닫는다면,/ 비로소 마음이니 마음이니 하는 법을 알리라."(無心無可得, 說得不名法. 若了心非心, 始解心心法.)『경덕전등록』제1권 '제6조미차가'

228) 『육조법보단경(六祖法寶壇經)』「오법전의제일(悟法傳衣第一)」에 나오는 다음과 같은 육조혜능의 게송 가운데 뒤 2구이다. "깨달음에는 본래 나무가 없고,/ 밝은 거울도 대(臺)가 아니다./ 본래 한 물건도 없는데,/ 어느 곳에 먼지가 붙겠는가?"(菩提本無樹, 明鏡亦非臺. 本來無一物, 何處惹塵埃?) 혜능은 이 게송을 가지고 대통신수(大通神秀)를 물리치고 오조홍인(五祖弘忍)에게 육조(六祖)로서 인가를 받았다.

229) 소요(逍遙): 자유롭게 거닐다. 유유자적하다. 아무 구속도 받지 않다. 자유롭게 즐기다.

師云:"汝若見有法可說, 即是以音聲求我. 若見有我, 即是處所. 法亦無法, 法卽是心. 所以祖師云: '付此心法時, 法法何曾法? 無法無本心, 始解心心法.' 實無一法可得, 名坐道場. 道場者, 祇是不起諸見. 悟法本空, 喚作空如來藏. '本來無一物, 何處有塵埃?' 若得此中意, 逍遙何所論?"

물었다.
"본래 한 물건도 없다면, 물건 없는 것이 곧 옳은 것입니까?"
황벽이 말했다.
"없다는 것 역시 옳지 않다. 보리에는 옳은 곳이 없고, 또한 알음알이가 없다는 것도 없다."

問: "本來無一物, 無物便是否?"
師云: "無亦不是. 菩提無是處, 亦無無知解."

9. 부처

물었다.

"어떤 것이 부처입니까?"

황벽이 말했다.

"그대의 마음이 부처다. 부처는 곧 마음이니, 마음과 부처가 다르지 않다. 그러므로 '마음이 곧 부처다.'[230]라고 한 것이다. 만약 마음에서 벗어난다면, 따로 다시 부처는 없다."

問: "何者是佛?"

師云: "汝心是佛. 佛卽是心, 心佛不異. 故云: '卽心卽佛.' 若離於心, 別更無佛."

물었다.

"만약 자기 마음이 부처라면, 조사가 서쪽에서 오셔서 어떻게 전해 주셨습니까?"

황벽이 말했다.

"조사는 서쪽에서 오셔서 마음이 부처임을 오직 전했을 뿐이다. 그대들의 마음이 본래 부처이고 마음과 마음이 다르지 않음을 곧장 가리켰기 때문에 일러 조사(祖師)라고 한다.

---

230) 『육조법보단경(六祖法寶壇經)』에 나오는 구절.

만약 곧장[231] 이 뜻을 안다면, 즉시 삼승(三乘)의 모든 지위를 뛰어넘어 본래가 부처이니, 수행에 의하여 이루어지는 것이 아니다."

云:"若自心是佛, 祖師西來如何傳授?"
師云:"祖師西來, 唯傳心佛. 直指汝等心本來是佛心心不異, 故名爲祖. 若直下見此意, 卽頓超三乘一切諸位, 本來是佛, 不假修成."

물었다.
"만약 그렇다면, 온 우주의 모든 부처님이 세상에 나오셔서 어떤 법을 말씀하셨습니까?"
황벽이 말했다.
"온 우주의 모든 부처님께선 세상에 나오셔서 모두들 다만 하나의 마음이라는 법을 말씀하셨을 뿐이다.
그러므로 부처님께선 마하가섭에게 이 한 개 마음이라는 법의 당체를 비밀스러이 전하신 것이다.
허공을 다하고 법계에 두루하니 이름하여 모든 부처의 도리라 한다.
이 법을 말한다면, 어떻게 그대가 언어로써 이해할 수 있겠는가?
또한 한 번의 동작과 하나의 경계 위에서 볼 수 있는 것도 아니다.

---

231) 직하(直下) : 바로. 즉시.

이 뜻은 오직 말없이 계합할 수 있을 뿐이다.

이 한 개 문을 일러 무위법문(無爲法門)이라 한다.

만약 알고자 한다면, 단지 마음이 없음을 알아서 문득 깨닫기만 하면 된다.

만약 애써[232] 배우려고 한다면, 더욱 멀어질 것이다.

만약 둘로 분별하는 마음[233]과 모든 취하고 버리는 마음이 없어서 마음이 나무나 돌과 같다면, 비로소 도를 배울 자격이 있다."

云:"若如此, 十方諸佛出世, 說於何法?"
師云:"十方諸佛出世, 祇共說一心法. 所以佛密付與摩訶大迦葉, 此一心法體. 盡虛空遍法界, 名爲諸佛理. 論這箇法, 豈是汝於言句上解得他? 亦不是於一機一境上見得他. 此意唯是黙契得. 這一門名爲無爲法門. 若欲會得, 但知無心忽悟卽得. 若用心擬學取, 卽轉遠去. 若無岐路心, 一切取捨心, 心如木石, 始有學道分."

물었다.

"지금 여러 가지 허망한 생각이 나타나는데, 어떻게 없다고 말하십니까?"

황벽이 말했다.

---

232) 용심(用心) : 마음을 쓰다. 심혈을 기울이다. 주의를 집중하다.
233) 기로심(岐路心) : 갈림길에 있는 마음. 둘로 분별하는 마음.

"망상(妄想)은 본래 실체(實體)가 없고 그대의 마음이 일으킨 것이다.

그대가 만약 마음이 부처임을 안다면, 마음에는 본래 망상이 없다.

어찌 마음을 일으켜서 다시 망상을 알 수 있겠느냐?

그대가 만약 마음을 일으키지도 생각을 움직이지도 않는다면, 저절로 망상은 없다.

그러므로 말했다. '마음이 생기면 여러 가지 법도 생기고, 마음이 사라지면 여러 가지 법도 사라진다.'"[234]

云: "如今現有種種妄念, 何以言無?"

師云: "妄本無體, 卽是汝心所起. 汝若識心是佛, 心本無妄. 那得起心更認於妄? 汝若不生心動念, 自然無妄. 所以云: '心生則種種法生, 心滅則種種法滅.'"

물었다.

"지금 바로 허망한 생각이 일어날 때 부처는 어디에 있습니까?"

황벽이 말했다.

"그대가 지금 허망한 생각이 일어남을 느낄 때의 느낌이 바로 부처다.

---

234) 『대승기신론(大乘起信論)』에 나오는 구절.

만약[235] 허망한 생각이 없다면, 부처 역시 없다.

어찌하여 이와 같은가?

그대가 마음을 일으켜서 부처라는 견해를 만들기 때문에 곧 이를 부처가 있다고 여기고, 중생이라는 견해를 만들기 때문에 곧 제도해야 할 중생이 있다고 여긴다.

마음을 일으켜 생각을 움직이는 것이 모두 그대의 안목((眼目)이다.[236]

만약 어떤 견해도 없다면, 부처가 어디에 있겠는가?

마치 문수(文殊)가 부처라는 견해를 일으키자마자 곧 이철위산(二鐵圍山)으로 떨어진[237] 것과 같다."

云: "今正妄念起時, 佛在何處?"

師云: "汝今覺妄起時, 覺正是佛. 可中若無妄念, 佛亦無. 何故如此? 爲汝起心, 作佛見, 便謂有佛可成, 作衆生見, 便謂有衆生可度. 起心動念, 總是汝見處. 若無一切見, 佛有何處所? 如文殊纔起佛見, 便貶向二鐵圍山."

물었다.

"지금 바로 깨달을 때 부처는 어디에 있습니까?"

---

235) 가중(可中) : 만일. 만약. =약(若).
236) 견처(見處) : 견해처(見解處), 견해(見解), 소견(所見), 안목(眼目)의 뜻으로, 진리를 바라보는 안목의 정도 또는 깨달음의 깊이를 나타내는 말이다.
237) 위 7. '무변신보살' 참조.

황벽이 말했다.

"질문은 어디에서 나오는가?

깨달음은 어디에서 일어나는가?

말과 침묵과 움직임과 고요함과 모든 소리와 색깔이 전부 부처의 일인데, 어디에서 부처를 찾는가?

다시 머리 위에 머리를 붙여서는 안 되고, 주둥이 위에 주둥이를 붙이지 마라.

단지 다른 견해를 내지 않기만 하면, 산은 산이고, 물은 물이고, 승(僧)은 승이고, 속(俗)은 속이다.

산과 강과 들과 해와 달과 별이 모두 그대의 마음에서 벗어나지 않고, 온 우주가 전부[238] 그대 자신인데, 어디에 여러 가지[239]가 있는가?

마음 밖에 법이 없으니, 눈에 가득 푸른 산이요, 허공세계가 깨끗하여[240] 그대가 견해를 일으킬 만한 것은 털끝만큼도 없다.

그러므로 모든 소리와 색깔이 부처의 지혜로운 눈이다.

법은 홀로 일어나지 않고 경계에 의지하여 생기니, 사물 때문에[241] 여러 가지 지혜가 있다.

온종일 말하면서도 언제 말한 적이 있던가?

---

238) 도래(都來) : ①전부. 모두. ②도합. 전부 합하여.
239) 허다반(許多般) : 여러 가지. 갖가지.
240) 교교지(皎皎地) : ①새하얗고 밝다. ②깨끗하다. ③명백하다.
241) 위(爲)-고(故)… : – 때문에 …하다.

온종일 말을 들으면서도 언제 들은 적이 있던가?

그러므로 석가(釋迦)는 49년 동안 말씀하셨지만, 한 글자도 말한 적이 없었던 것이다."

云:"今正悟時, 佛在何處?"

師云:"問從何來? 覺從何起? 語默動靜一切聲色盡是佛事, 何處覓佛? 不可更頭上安頭, 嘴上加嘴. 但莫生異見, 山是山, 水是水, 僧是僧, 俗是俗. 山河大地日月星辰, 總不出汝心, 三千世界, 都來是汝箇自己, 何處有許多般? 心外無法, 滿目靑山, 虛空世界, 皎皎地, 無絲髮許與汝作見解. 所以一切聲色, 是佛之慧目. 法不孤起, 仗境方生, 爲物之故, 有其多智. 終日說何曾說? 終日聞何曾聞? 所以釋迦四十九年說, 未曾說着一字."

물었다.

"만약 그렇다면, 어디에 깨달음이 있습니까?"

황벽이 답했다.

"깨달음에는 장소가 없으니, 부처도 깨달음을 얻을 수 없고 중생도 깨달음을 잃을 수 없다.

몸으로써 얻을 수도 없고, 마음으로써 구할 수도 없으니, 모든 중생이 곧 깨달음의 모습이다."

云:"若如此, 何處是菩提?"

師云:"菩提無是處, 佛亦不得菩提, 衆生亦不失菩提. 不可以身得, 不可以心求, 一切衆生卽菩提相."

물었다.

"어떻게 깨달음의 마음을 냅니까?"

황벽이 말했다.

"깨달음에서는 얻을 것이 없으니, 그대는 지금 다만 얻을 것이 없다는 마음을 내기만 하라.

결단코 한 법도 얻을 수 없으면, 깨달음의 마음이다.

깨달음에는 머물 곳이 없다.

이 때문에 얻는 자도 없다.

그러므로 '나는 연등불(然燈佛)이 계신 곳에서 얻을 수 있는 법이 전혀 없었기 때문에, 부처님은 곧 나에게 수기(授記)하셨다.'[242]고 하는 것이다.

모든 중생이 본래 깨달음임을 분명히 알고서, 다시 깨달음을 얻으려고 하지 마라.

그대는 지금 깨달음의 마음을 낸다는 말을 듣고서 한 개 마음이 깨달음을 배워 얻는다고 오해하고[243] 있다.

단지 부처가 되려고만 하여 그대 마음대로 오랜 세월 수행하더라도 다만 보신불이나 화신불을 얻을 뿐이니, 그대의 근원인 참된

---

242) 『금강경』에 나오는 구절.
243) 장위(將謂) : -라고 여겼는데(결국 그렇지 않다는 뜻을 내포함). -라고 잘못 알다.

본성의 부처와 무슨 관계가 있겠느냐?

그러므로 말했다. '밖에서 구하는 모양 있는 부처는 그대와 닮지[244] 않다.'[245]"

云:"如何發菩提心?"

師云:"菩提無所得, 你今但發無所得心. 決定不得一法, 卽菩提心. 菩提無住處. 是故無有得者. 故云:'我於然燈佛所, 無有少法可得, 佛卽與我授記.'明知一切衆生本是菩提, 不應更得菩提. 你今聞發菩提心, 將謂一箇心學取佛去. 唯擬作佛, 任你三祇劫修, 亦祇得箇報化佛, 與你本源眞性佛有何交涉? 故云:'外求有相佛, 與汝不相似.'"

---

244) 상사(相似) : 닮다. 비슷하다.
245) 『경덕전등록』 제1권 '제팔조불타난제(第八祖佛陀難提)'에 나오는 게송의 한 구절. 전체 게송은 다음과 같다. 그대의 말과 마음이 가까움은/ 부모가 그대와 가까움에 비할 바가 아니다./ 그대의 행동과 도(道)가 합하는 것은/ 모든 부처의 마음이 곧 그러하다./ 밖으로 모양 있는 부처를 구하면,/ 그대와 닮지 않다./ 그대의 본래 마음을 알고자 하는가?/ 합해 있지도 않고 떨어져 있지도 않다.(汝言與心親, 父母非可比. 汝行與道合, 諸佛心卽是. 外求有相佛, 與汝不相似. 欲識汝本心? 非合亦非離.)

10. 본래부처

물었다.

"본래 이미 부처라면, 어찌하여 다시 사생육도(四生六道)[246]의 여러 가지 모습이 있어서 같지 않습니까?"

황벽이 말했다.

"모든 부처의 바탕은 원만하여 다시 늘어나거나 줄어듦이 없으니, 육도(六道)를 따라 흐르면서도 곳곳에서 모두 원만하고 온갖 중생의 부류 가운데 하나하나가 모두 부처다.

비유하면, 한 덩이의 수은이 여러 곳으로 흩어져도 알알이 모두 둥근 것과 같다.

만약 흩어지지 않을 때라면 단지 한 덩어리이니, 이 하나가 곧 모든 알갱이이고 모든 알갱이가 곧 이 하나이다.

여러 가지의 모습은 비유하면 집과 같아서, 당나귀의 집에서 나와 사람의 집으로 들어가듯이, 사람의 몸에서 나와 하늘의 몸으로

---

246) 사생육도(四生六道) : 육도(六道)는 중생의 업인(業因)에 따라 윤회하는 길을 6으로 나눈 것. 지옥도(地獄道)・아귀도(餓鬼道)・축생도(畜生道)・아수라도(阿修羅道)・인간도(人間道)・천상도(天上道). 사생(四生)은 육도(六道)에 살고 있는 모든 중생을 가리키는데, 태어나는 방식에 따라 넷으로 나뉘므로 사생이라 한다. 모태에서 태어나는 태생(胎生), 알에서 태어나는 난생(卵生), 습기 가운데서 태어나는 습생(濕生), 과거의 자신의 업(業)에 의해 태어나는 존재인 화생(化生)이 그것이다. 인간과 짐승은 태생이고, 천인(天人)과 지옥(地獄)의 중생은 화생이다.

들어간다. 나아가 성문(聲聞)·연각(緣覺)·보살(菩薩)·부처의 집으로 들어가더라도, 모두가 그대가 취하고 버리는 곳이다.

그 까닭에 차별이 있지만, 본래 근원인 본성(本性)이야 어떻게 차별이 있겠느냐?"

問: "本旣是佛, 那得更有四生六道種種形貌不同?"

師云: "諸佛體圓, 更無增減, 流入六道, 處處皆圓, 萬類之中, 箇箇是佛. 譬如一團水銀, 分散諸處, 顆顆皆圓. 若不分時, 祇是一塊, 此一卽一切, 一切卽一. 種種形貌, 喩如屋舍, 捨驢屋入人屋, 捨人身至天身. 乃至聲聞緣覺菩薩佛屋, 皆是汝取捨處. 所以有別, 本源之性, 何得有別?"

11. 자비

물었다.

"모든 부처님은 어떻게 대자비(大慈悲)를 행하여 중생을 위하여 법을 말씀하십니까?"

황벽이 말했다.

"부처님의 자비는 까닭이 없기 때문에 일러 대자비라 한다.

자(慈)란 이룰 부처가 있다고 보지 않는 것이고, 비(悲)란 제도할 중생이 있다고 보지 않는 것이다.

그 법을 말씀하심에는 말도 없고 보여 주는 것도 없으며, 그 법을 듣는 것은 들음도 없고 얻음도 없다.

비유하면 환술사(幻術士)[247]가 환상의 사람을 위하여 법을 말하는 것과 같다.

이[248] 법을 어떻게 내가 선지식의 말을 들었기 때문에 문득 알아차렸다거나 이해했다거나 깨달았다고 말할 수 있으랴?[249]

이 자비를 어떻게 그대가 마음을 일으키고 생각을 움직여 배울 수 있으랴?

그러한 견해는 스스로 본래 마음을 깨닫는 것이 아니니 마침내

---

247) 환술사(幻術士) : 환술(幻術)을 행하는 사람. 마술사 · 요술사.
248) 자개(者箇) : 이. 이것.
249) 약위(若爲) : 어떻게. 어떠한가? 어찌 -할 수 있으랴? 어떻게 해야-?

완릉록 **145**

이익이 없을 것이다."

問:"諸佛如何行大慈悲, 爲衆生說法?"

師云:"佛慈悲者, 無緣故, 名大慈悲. 慈者不見有佛可成, 悲者不見有衆生可度. 其所說法, 無說無示, 其聽法者, 無聞無得. 譬如幻士爲幻人說法. 者箇法, 若爲道我從善知識言下領得會也悟也? 者箇慈悲, 若爲汝起心動念學得? 他見解, 不是自悟本心, 究竟無益."

12. 정진

물었다.

"무엇이 정진(精進)입니까?"

황벽이 말했다.

"몸과 마음이 일어나지 않는 것을 일러 가장 강한 정진이라 한다.

마음을 일으켜 밖에서 구하기만 하면, 일러 가리왕(歌利王)[250]이 사냥을 좋아한다고 한다.

마음이 밖으로 놀러다니지 않는 것이 곧 인욕선인(忍辱仙人)이고, 몸과 마음이 모두 없는 것이 곧 불도(佛道)이다."

---

250) 가리(迦利) : Kali. 가리(歌利)·哥利·갈리(羯利)·가람부(伽藍浮)라고도 쓰며, 투쟁(鬪諍)이라 번역. 악생무도왕(惡生無道王). 석존이 과거세에 인욕선인(忍辱仙人)이 되어 수도할 때, 석존의 팔다리를 끊었다고 하는 극악무도한 임금. 『대지도론』 제14권에 이런 내용이 있다 : 옛날 인욕선인이 숲속에서 인욕을 닦고 자비를 행하고 있었다. 당시 가리왕은 성질이 교만하고 포악하였다. 한 궁녀가 선인의 모습에 감복해 왕을 떠나 선인에게로 갔는데, 선인은 그녀에게 법을 말해 주었다. 왕은 이것을 보고서 질투하는 마음을 일으켜 선인에게 물었다. "그대는 무엇을 하고 있는가?" "나는 인욕행을 닦고 자비행을 하고 있습니다." 왕은 그 말이 사실인지 시험해 보려고 인욕선인의 귀를 잘랐다. 그러나 인욕선인은 얼굴색이 조금도 변하지 않았다. 신하들이 왕을 말렸지만, 왕은 다시 인욕선인의 코를 베고 손을 잘랐다. 그러나 인욕선인은 역시 조금도 얼굴색을 바꾸지 않고서, 신통을 부려 자신의 몸에서 흐르는 피를 우유로 바꾸었다. 왕은 이에 크게 놀라서 신하들을 데리고 왕궁으로 돌아갔다.

問:"何者是精進?"

師云:"身心不起, 是名第一牢彊精進. 纔起心向外求者, 名爲歌利王愛遊獵去. 心不外遊, 卽是忍辱仙人, 身心俱無, 卽是佛道."

13. 무심행

물었다.
"만약 마음 없이 행한다면, 이 도를 얻습니까?"
황벽이 말했다.
"마음이 없다면 곧 이 도를 행하는 것인데, 다시 무슨 얻느니 얻지 못하느니를 말하겠느냐?
만약[251] 문득 한 생각을 일으키면 곧 경계이다.
만약 한 생각이 없다면, 곧 경계가 잊혀지고 마음이 저절로 사라져서 다시는 찾을 수 없다."

問:"若無心行, 此道得否?"
師云:"無心便是行此道, 更說什麼得與不得? 且如瞥起一念便是境, 若無一念, 便是境忘心自滅, 無復可追尋."

---

251) 차여(且如) : ①만약. ②=즉여(卽如). 바로 −와 같다. 즉 −와 같다.

14. 출삼계

물었다.

"어떤 것이 삼계(三界)를 벗어나는 것입니까?"

황벽이 말했다.

"좋고 나쁨을 전혀 헤아리지 않으면, 선 자리에서 당장 삼계를 벗어난다.

여래는 세상에 나오셔서 삼계[252]를 부수었다.

만약 어떤 마음도 없다면, 삼계 역시 있지 않다.

마치 한 개 티끌 번뇌가 백 개의 조각으로 부서지는 것과 같아서, 99개의 조각이 없어지고 한 개의 조각이 있어도 대승(大乘)이 뛰어나게 나타날 수는 없고, 백 개의 조각이 완전히 없어져야만 대승이 비로소 뛰어나게 나타날 수 있다."

問: "如何是出三界?"

師云: "善惡都莫思量, 當處便出三界. 如來出世, 爲破三有. 若無一切心, 三界亦非有. 如一微塵破爲百分, 九十九分是無, 一分是有, 摩訶衍不能勝出, 百分俱無, 摩訶衍始能勝出."

---

252) 삼유(三有): trayo-bhava. 유(有)는 존재한다는 뜻으로 욕유(欲有)·색유(色有)·무색유(無色有)로서 삼계(三界)와 같음.

15. 상당설법

상당(上堂)하여 말하였다.

"마음이 곧 부처다.

위로는 모든 부처에 이르고 아래로는 꿈틀거리는 벌레에 이르기까지 모두 불성이 있으며, 동일한 마음 바탕이다.

그러므로 달마(達摩)는 인도로부터 와서 한 개 마음의 법을 오직 전함에, 모든 중생이 본래 부처임을 곧장 가리켰으니 수행할 필요가 없다.[253]

다만 지금 자기 마음을 알기만 하면 자기 본성을 보니, 다시 따로 구하지 말라.

어떻게 자기의 마음을 아는가?

바로 지금 말하는 것이 곧 그대의 마음이다.

만약 말하지 않고 행동하지 않는다면, 마음의 본바탕은 허공과 같아서 모양이 없고 있는 곳도 없다.

또한 한결같이 없기만 한 것이 아니라 있으나 볼 수 없기 때문이다.

上堂云: "卽心是佛. 上至諸佛, 下至蠢動含靈, 皆有佛性, 同一心體. 所以達摩從西天來, 唯傳一心法, 直指一切衆生, 本來是佛, 不假修行. 但如

---

253) 불가(不假) : –에 의지하지 않는다. –할 필요가 없다.

今識取自心, 見自本性, 更莫別求. 云何識自心? 卽如今言語者, 正是汝心. 若不言語, 又不作用, 心體如虛空相似, 無有相貌, 亦無方所, 亦不一向是無, 有而不可見故.

조사가 말했다.

'참 본성은 마음속에 들어 있으나,
머리도 없고 꼬리도 없다.
인연에 응하여 사물로 드러나니,
방편으로 일러 지혜라고 한다.'[247]

만약 인연에 응하지 않을 때라면, 그 마음이 있다거나 없다고 말할 수 없다.
인연에 응할 때도 역시 종적을 남기지 않는다.
이미 이러함을 알았다면, 지금 다만 없는 가운데에 거듭 머물면 곧 온갖 부처의 길을 가는 것이다.
경에서 말했다.
'마땅히 머묾 없이 그 마음을 내어야 한다.'[254]

---

[254] 『경덕전등록』 제2권 '제이십육조불여밀다(第二十六祖不如密多)'에 나오는 전법송(傳法頌).

祖師云:'眞性心地藏, 無頭亦無尾. 應緣而化物, 方便呼爲智.' 若不應緣之時, 不可言其有無. 正應之時, 亦無蹤跡. 旣知如此, 如今但向無中樓泊, 卽是行諸佛路. 經云:'應無所住而生其心.'

모든 중생이 삶과 죽음을 윤회하는 것은 의식(意識)이 조작(造作)[256]하여 마음이 육도(六道)에서 평온하게 안정되지 못하기 때문에 여러 가지 고통을 받게 되는 것이다.[257]

유마힐은 말했다. '교화하기 어려운 사람은 그 마음이 원숭이와 같기 때문에, 몇 가지 종류의 법을 가지고 그 마음을 제어(制御)한 뒤에 조복(調伏)시킨다.'[258]

그 까닭에 마음이 생기면 여러 가지 법이 생기고 마음이 사라지면 여러 가지 법이 사라진다.

그러므로 모든 법은 전부 마음에서 만들어지며, 나아가 사람, 하늘, 지옥, 육도, 아수라 등이 모두 마음에서 만들어짐을 알 수 있다.

지금 다만 마음 없음을 배워 온갖 인연을 문득 쉬어 망상분별

---

255) 『금강경』의 구절.
256) 주작(走作): 본래의 규범에서 벗어나다. 원래의 모양을 바꾸다. =조작(造作).
257) 치사(致使): -한 탓으로 -하게 되다.(부정적 결과)
258) 구마라집(鳩摩羅什)이 번역한 『유마힐소설경(維摩詰所說經)』 하권 「향적불품(香積佛品) 제10」에 나오는 구절. 본래 원문은 이렇다 : 以難化之人心如猿猴故, 以若干種法制御其心乃可調伏.

을 일으키지 않기만 하면, 남도 없고 자기 자신도 없고, 탐냄도 없고 성냄도 없고, 싫어함도 없고 좋아함도 없고, 이김도 없고 짐도 없다.

다만 이러한[259] 여러 종류의 망상을 없애기만 하면, 자성은 본래 깨끗하니 곧 깨달음의 법을 수행하여 부처와 같아질 것이다.

만약 이 뜻을 알지 못한다면, 비록 그대가 자세히 배우고 힘들여 열심히 수행하며 나무뿌리를 캐어 먹고 풀로써 옷을 만들어 입더라도 자기 마음을 알지는 못할 것이니, 이 모두를 삿된 행동이라고 일컫는다.

이들은 모두 천마(天魔)[260]나 외도(外道)나 물과 땅의 잡다한 신령(神靈)이 될 것이니, 이와 같이 수행하여 무슨 이익이 있겠는가?

지공(誌公)[261]이 말했다. '본바탕은 자기 마음이 만드는 것인데,

---

259) 여허(如許) : ①이와 같다.=여차(如此). ②상당한 숫자의. 꽤 많은. 이렇게 많은.

260) 천마(天魔) : 천자마(天子魔). 또는 마천 · 마왕(魔王). 욕계의 꼭대기에 있는 제6천의 주인으로 파순(波旬)이라는 이름으로 경에 등장함. 수행하는 사람을 보면 자기네 권속들을 없애고 궁전을 파괴할 것이라 생각하고, 마군을 이끌어 수행하는 이를 시끄럽게 하며 정도를 방해하므로 천마라 한다. 부처님이 보리수 아래 앉아 수도할 때 천마가 와서 성도를 방해하려 하였으나, 부처님이 자정(慈定)에 들어 항복받았다 함.

261) 지공(誌公) : 금릉보지(金陵寶誌). 418-514. 위진남북조(魏晋南北朝)의 스님. 금릉은 출신 지명. 속성은 주(朱)씨. 어려서 출가하여 강소성 건강(建康) 도림사(道林寺)에서 선정을 닦음. 태시(泰始; 465-471) 초년에 불시에 일어나 거소를 정하지 않고 음식도 때를 정하지 않으며, 머리도 길게 기르고 냄비를 손에 들고

어찌 문자 속에서 구할 수 있으랴?'[262]

一切衆生輪迴生死者, 意緣走作, 心於六道不停, 致使受種種苦. 淨名云: '難化之人, 心如猿猴, 故以若干種法, 制禦其心, 然後調伏.' 所以心生種種法生, 心滅種種法滅. 故知一切諸法皆由心造, 乃至人天地獄六道脩羅盡由心造. 如今但學無心, 頓息諸緣, 莫生妄想分別, 無人無我, 無貪瞋, 無憎愛, 無勝負. 但除卻如許多種妄想, 性自本來淸淨, 卽是修行菩提法佛等. 若不會此意, 蹤你廣學, 勤苦修行, 木食草衣, 不識自心, 皆名邪行. 盡作天魔外道水陸諸神. 如此修行, 當復何益? 誌公云: '本體是自心作, 那得文字中求?'

지금 다만 자기 마음을 알고서 사량분별을 쉬기만 하면, 망상과 번뇌는 저절로 생겨나지 않는다.

유마힐은 '단지 한 개 침상을 놓고서 병들어 누워 있다.'[263]고 하

행각하는 기행(奇行)을 보임. 502년경에 대승찬(大乘讚) 24수를 지어 황제에게 바침. 또 각종 이적을 보여 대중을 교화. 고구려왕도 그 명성을 듣고 사신을 보내어 은모자를 기증했다고 함. 천감(天監) 13년 겨울에 화림원 불당의 금강신장을 밖에 놓게 하고 열흘 만에 입적함. 세수 97. 칙령으로 광제(廣濟)대사라 시호함. 후당(後唐)의 장종(莊宗)은 묘각(妙覺)대사라 시호함. 그 후에도 도림진각(道林眞覺)보살 · 도림진각대사 · 자응혜감(慈應惠感)대사 · 보제성사(普濟聖師)보살 · 일제진밀(一際眞密)선사 등의 시호가 내려짐.

262) 지공(誌公)이 어디에서 이 말을 하였는지 확인할 수 없다.
263) 구마라집이 번역한 『유마힐소설경』 중권(中卷) 「문수사리문질품(文殊師利問疾品)」 제5,에 '唯置一床, 以疾而臥'라는 문장이 나오니, '구더기'라는 뜻인 '저(蛆)'는 '평상'이라는 '상(一床)'의 오자(誤字)인 것 같다.

였는데, 마음이 일어나지 않는 것은 사람이 병들어 누운 것과 같으니, 상대(相對)한 인연[264]을 모두 쉬고 망상이 사라진 깨달음이다.

지금 만약 마음속이 어수선하여[265] 안정되지 못한다면, 가령[266] 그대가 삼승(三乘)[267]의 사과(四果)[268]와 십지(十地)[269]의 모든 지위를 배워 도달한다고 하더라도, 결국[270] 다만 범부 아니면 성인 속에 앉아 있을 것이다.

모든 행위는 전부 무상(無常)으로 돌아가고 세력은 전부 끝날 때가 있으니, 마치 하늘로 쏜 화살이 힘이 다하면 땅으로 도로 떨어지는 것처럼 다시 삶과 죽음의 윤회로 돌아갈 것이다.

---

264) 반연(攀緣) : 인연을 붙잡다. 인연에 응하다. 인연을 상대하다. 상대하고 있는 인연.
265) 분분(紛紛) : 어지러움. 시끄러움. 어수선함. 말이 많음.
266) 임(任) : ①따르다. 의지하다. ②마음대로. 제멋대로. ③가령 –라 할지라도.
267) 삼승(三乘) : 세 가지 탈것, 세 가지 입장, 3가지 길을 걷는 자 또는 깨달음을 성취하는 세 가지 실천법을 일컫는다. 승(乘)은 사람을 태워 깨달음에 이르게 하는 가르침을 비유한 말이다. 성문(聲聞), 연각(緣覺), 보살(菩薩)에 각각 상응하는 가르침 또는 입장으로서 성문승, 연각승, 보살승이라는 3가지 실천 방법을 말한다. 성문승과 연각승은 소승(小乘), 불승(佛乘)으로도 불리는 보살승은 대승(大乘)이라고 한다.
268) 사과(四果) : 소승 증과(證果)의 4계위(階位). 과(果)는 무루지(無漏智)가 생기는 지위. 수다원과 · 사다함과 · 아나함과 · 아라한과.
269) 십지(十地) : 『화엄경』「십지품(十地品)」에 설해져 있는 보살수행의 52위 가운데 제41위에서 제50위까지를 가리키는데, 보살로서는 최고의 경지이다.
270) 합살(合殺) : ①악곡(樂曲)의 마지막 마디를 가리킴. ②결말. 끝남. ③끝내. 마침내.

이와 같이 수행하여 부처의 뜻을 알지 못하고 헛되이 고생만 한다면, 어찌 커다란 잘못이 아니랴?

지공(誌公)이 말했다. '세속을 벗어난[271] 눈 밝은 종사를 만나지 못하면, 대승(大乘)의 법약(法藥)을 잘못 먹을 것이다.'[272]

如今但識自心, 息卻思惟, 妄想塵勞, 自然不生. 淨名云: '唯置一牀, 寢疾而臥.' 心不起也, 如人臥疾, 攀緣都息, 妄想歇滅, 即是菩提. 如今若心裡紛紛不定, 任你學到三乘四果十地諸位, 合殺祇向凡聖中坐. 諸行盡歸無常, 勢力皆有盡期, 猶如箭射於空, 力盡還墜, 卻歸生死輪迴. 如斯修行, 不解佛意, 虛受辛苦, 豈非大錯? 誌公云: '未逢出世明師, 枉服大乘法藥.'

지금 다만 언제나 행동하는 가운데 마음 없음을 배우기만 하면, 분별도 없을 것이고, 의지함도 없을 것이고, 머묾도 없을 것이고, 하루 종일 되는 대로 따라가며[273] 한가하게 지내기를[274] 마치 어리석은 사람과 같을 것이다.

---

271) 출세(出世) : ①세속을 버리고 불도 수행에 들어감. ②속세에 나가서 세상 사람들을 교화하는 것. 불보살이 사바세계에 출현함과 같은 것. ③선종에서는 지혜와 덕행을 갖추고, 수행을 마친 뒤에 다른 이의 추대를 따라 다른 절로 가는 것을 말함.
272) 지공(誌公)의 어떤 글에서 나오는 말인지 확인할 수 없다.
273) 임운(任運) : 운(運)에 맡기다. 되는 대로 따라가다. 무공용(無功用), 무위(無爲). 자연스럽게.
274) 등등(騰騰) : 느릿느릿 한가한 모양.

세상 사람들은 그대를 전혀 알아보지 못하고, 그대 역시 사람들이 알아보든 알아보지 못하든 상관하지 않을 것이다.

마음은 마치 돌덩이[275]처럼 단단하여 틈새[276]가 전혀 없으니, 어떤 것도 그대의 마음속으로 뚫고 들어오지 못하고 흔들림 없이 안정되어[277] 어떤 집착도 없을 것이니, 이와 같아야 비로소 조금은 깨달음에 알맞다고 할 것이다.

삼계(三界)의 경계(境界)를 벗어나면 일러 부처가 세상에 출현했다고 하고, 마음의 모습이라는 흔적이 남지[278] 않으면 일러 새지 않는 지혜라고 하니, 사람과 하늘나라에 태어날 업도 짓지 않고, 지옥에 떨어질 업도 짓지 않는다.

어떤 마음도 일으키지 않아서 어떤 인연도 전혀 생겨나지 않으면 이 몸과 마음이 곧 자유인(自由人)이지만, 오로지 생겨나지 않는 것이 아니라 다만 뜻에 따라 생겨날 뿐이다.

경(經)에서 '보살에게는 의생신(意生身)[279]이 있다'[280]고 한 말이

---

275) 석두(石頭) : 돌. 돌덩이. 두(頭)는 접미어.
276) 봉하(縫罅) : 틈. 틈새. 헛점.
277) 올연(兀然) : =올이(兀爾). ①고요히 멈춘 모습. ②아둔한 모습. 어두운 모습. 혼미한 모습. ③우뚝 서서 움직이지 않는 모습.
278) 루(漏) : 액체가 새다. 흘러나오다. 육경(六境)의 대상세계에 대하여 끊임없이 육근(六根)에서 허물을 누출(漏出)한다는 뜻으로 번뇌의 다른 이름. 마음이 육근을 통하여 육경으로 흘러나간다는 것은, 분별심을 가지고 경계를 헤아리고 분별하여 경계의 모습에 오염되는 것을 말함.
279) 의생신(意生身) : 신역에서는 의성신(意成身)이라 함. 부모가 낳은 육신이 아니

바로 이것이다.

　如今但一切時, 中行住坐臥, 但學無心, 亦無分別, 亦無依倚, 亦無住着, 終日任運騰騰, 如癡人相似. 世人盡不識你, 你亦不用教人識不識. 心如頑石頭, 都無縫罅, 一切法透汝心不入, 兀然無着, 如此始有少分相應. 透得三界境過, 名爲佛出世, 不漏心相, 名爲無漏智, 不作人天業, 不作地獄業. 不起一切心, 諸緣盡不生, 卽此身心是自由人, 不是一向不生, 祇是隨意而生. 經云:'菩薩有意生身.' 是也.

　만약 마음 없음을 아직 알지 못했다면, 모습에 머물러 행하는 일은 모두 악마의 소행[281]에 속한다.
　나아가 정토(淨土)의 불사(佛事)를 행하는 것 역시 모두 업이 되니 일러 깨달음을 가로막는 장애라고 한다.
　그대의 마음을 가로막기 때문에 인과(因果)에 얽매여서[282] 가고 머묾에 자유로움이 없다.
　그러므로 깨달음 등의 법은 본래 있는 것이 아니고, 여래께서

　　고, 생각하는 대로 생기는 몸. 곧 화생신(化生身). 변화신(變化身)·겁초(劫初)의 인신(人身)·색계신·무색계신·중유신(中有身)을 포함.
280) 보살에게 의생신이 있다는 내용은 『화엄경』, 『능가경』, 『승만경』 등에서 언급되고 있다.
281) 마업(魔業) : 악마의 짓. 악마의 소행.
282) 관속(管束) : 관리하다. 관할하다. 얽어매다. 구속하다.

말씀하시는 것은 모두 사람을 교화(敎化)하는 말씀이다.[283]

마치 누른 나뭇잎을 황금이라고 한 방편을 가지고 어린아이의 울음을 그치게 한 것과 같다.

그러므로 참으로 법이라 할 것이 없음을 일러 위없이 바르고 평등한 깨달음이라 한다.

지금 이미 이러한 뜻을 알았다면, 어찌 바삐 찾아 애쓸[284] 필요가 있으랴?

다만 인연 따라 옛 업을 녹여 없애면서 다시는 새로운 재앙을 만들지 마라.

그러면 마음속이 밝고 밝을 것이다.

그러므로 옛날의 견해를 전부 반드시 내버려야 한다.

---

[283] 지제지설(止啼之說) : 울음을 멈추게 하는 말. 방편(方便)의 말. 『대반열반경(大般涅槃經)』 제21권 「영아행품(嬰兒行品)」에 "영아행(嬰兒行)이란 어린아이가 큰 소리로 보채며 우는 것을 이른다. 이때 부모는 서둘러 버드나무의 노란 잎을 따 가지고 와서 우는 아이에게 주면서 '울지 마라. 내가 금을 줄게.'라고 달랜다. 아무것도 모르는 아이는 그것이 진짜 금인 줄 알고 곧 울음을 그친다. 그러나 이 노란 잎은 진짜 금이 아니다."라는 구절이 있는데, 우는 아이는 자기 머리를 가지고 자기 머리를 찾는 어리석은 중생을 뜻하고, 울음을 멈추게 하는 가짜 금인 나뭇잎은 중생의 갈증을 멈추게 하는 가르침인 방편설(方便說)을 뜻한다. 번뇌는 본래 허망한 것이어서, 번뇌가 사라지면 그만이지, 다시 얻을 법은 없다. 방편은 단지 망상에서 깨어나게 하는 가르침일 뿐, 본래 없던 새로운 무엇을 제공하는 것은 아니다.

[284] 구구(區區) : ①작다. 사소하다. 보잘것없다. 시시하다. ②분주하고 고생하는 모습. 바삐 지내며 고생하는 모습.

유마힐이 말했다. '가지고 있는 것을 없애 버렸다.'[285]

『법화경』에서 말했다. '20년 동안 늘 똥을 치우도록 하였다.'[286]

다만 마음속에서 견해를 짓는 곳을 없애 버리기만 하라.

다시 말했다. '희론(戲論)[287]의 똥을 제거한다.'[288]

그러므로 여래장(如來藏)[289]은 본래 텅 비고 고요하여 한 개의 법도 머물게 하지 않는다.

---

285) 『유마힐소설경』 중권(中卷) 「문수사리문질품(文殊師利問疾品) 제5」에 나오는 구절.
286) 『묘법연화경(妙法蓮華經)』 「신해품(信解品) 제4」에 나오는 구절. 가난한 아들이 부자인 아버지 집을 찾아가서 아버지를 만났는데, 아들은 아버지를 알아보지부자인 아버지 집을 찾아가서 아버지를 만났는데, 아들은 아버지를 알아보지 못했으나 아버지는 자기 아들임을 알아보았다. 그러나 아버지는 자기가 아버지임을 말하지 않고 아들을 하인으로 받아들여 20년 동안 똥을 치우는 일을 맡겼다. 20년이 지나 아들이 아버지의 집에서의 생활에 충분히 익숙해져서 그 집을 자기 집처럼 여기게 되자 비로소 아버지는 자기가 바로 아버지이고 그 집이 바로 가난한 아들의 본래 집임을 말해 준다는 이야기.
287) 희론(戲論) : 희롱(戲弄)의 담론(談論). 부질없이 희롱하는, 아무 뜻도 이익도 없는 말. 여기에는 사물에 집착하는 미혹한 마음으로 하는 여러 가지 옳지 못한 언론인 애론(愛論)과, 여러 가지 치우친 소견으로 하는 의론인 견론(見論)의 2종이 있다. 둔근인(鈍根人)은 애론, 이근인(利根人)은 견론, 재가인(在家人)은 애론, 출가인(出家人)은 견론, 천마(天魔)는 애론, 외도(外道)는 견론, 범부(凡夫)는 애론, 2승(乘)은 견론을 고집함.
288) 『묘법연화경(妙法蓮華經)』 「신해품(信解品) 제4」에 나오는 구절.
289) 여래장(如來藏) : 여래의 태(胎 : 모태와 태아의 어느 쪽을 의미함)라는 뜻. 범부의 마음속에 존재하고 있는 여래가 될 만한 요인이고, 부처님이 될 수 있는 청정한 가능성을 가진 것이다. 여래장은 번뇌 속에 숨겨져 존재하고 있으나 그것

그러므로 경(經)에서 말했다. '모든 불국토 역시 전부 텅 비었다.'[290)]

이 노출되어 모습을 나타낸 것을 가리켜 법신(法身)이라 부른다. 여래장과 법신의 상즉(相卽)을 명확히 하며, 여래장을 관찰하는 지혜를 불공(不空 : 如來藏智), 법신을 관찰하는 지혜를 공(空 : 如來空智)이라 부르고 있다. 여래 안에 우리가 있고, 우리 안에 여래가 있다는 두 가지 역(逆)의 의의가 있다. 이러한 여래장(如來藏) 사상은 『승만경』에 잘 나타나 있다. 승만부인은 『승만경』에서 부처님의 허락을 받고서, 중생을 구제하는 부처님의 가르침은 하나뿐이라는 설법을 한다. 성불해서 열반에 드는 대승의 교리야말로 중생을 구제하는 부처님의 유일한 가르침이라는 것이다. 이러한 『승만경』의 핵심 사상이 바로 여래장(如來藏) 사상이다. 이 여래장이란 말은 모든 사람이 여래가 될 수 있다는 가능성을 말하는 것으로, '불성(佛性)'이라고 부르기도 한다. 승만부인의 입을 통해 여래장이 무엇인지 들어보면 다음과 같다. "세존이시여, 생사는 여래장에 의지하는 것입니다. 여래장을 가지고 있기 때문에 본제(本際)를 알 수 없다고 말합니다. 세존이시여, 여래장이 있기 때문에 생사가 있는 것입니다. 이것을 선설(善說)이라고 합니다. 세존이시여, 생로병사라는 것은 여러 감각기관이 생겨났다가 소멸하는 것입니다. 이것을 생사라고 합니다. 세존이시여, 생사란 이법(二法)을 말하며 이것이 여래장입니다. 세상에 말이 있기 때문에 생이 있고 사가 있는 것입니다. 사란 감각기관이 붕괴되는 일이고, 생은 새로이 감각기관이 생겨나는 일입니다. 여래장에 생사가 있는 것은 아닙니다. 여래장은 유위(有爲)의 상을 벗어나 있습니다. 여래장은 상주불변입니다. 그렇기 때문에 여래장은 의지하고 유지하고 건립되는 것입니다." 한 마디로 여래장은 생하는 일도 없고 멸하는 일도 없는 무위법(無爲法)이자 생멸하는 유위법(有爲法)의 기반이 되기도 한다는 것이다. 이러한 여래장은 본성이 청정한 존재이기도 하지만 또 번뇌에 물들기도 하는데 이것을 승만부인은 이렇게 말하고 있다. "세존이시여, 여래장이란 법계장이며 법신장(法身藏)이며 출세간의 상상장장(上上藏)이며 자성청정장(自性淸淨藏)입니다. 이 자성청정한 여래장은 그럼에도 불구하고 객진번뇌(客塵煩惱)와 상번뇌(上煩惱)로 오염되기도 하는 불가사의한 경계입니다." 끝으로 승만부인은 그러한 불가사의한 경계는 오직 부처님만이 알 수 있는 영역임을 밝히고 있다.

忽若未會無心, 着相而作者, 皆屬魔業. 乃至作淨土佛事, 並皆成業, 乃名佛障. 障汝心故, 被因果管束, 去住無自由分. 所以菩提等法, 本不是有, 如來所說, 皆是化人. 猶如黃葉爲金, 權止小兒啼. 故實無有法, 名阿耨菩提. 如今旣會此意, 何用區區? 但隨緣消舊業, 更莫造新殃, 心裡明明. 所以舊時見解總須捨卻. 淨名云: '除去所有.' 法華云: '二十年中常令除糞.' 祇是除去心中作見解處. 又云: '钁除戲論之糞' 所以如來藏本自空寂, 並不停留一法. 故經云: '諸佛國土亦復皆空.'

만약 불도(佛道)가 배우고 닦아서 얻는 것이라고 말한다면, 이러한 견해는 전혀 맞지 않다.

한 번 행동하기도 하고 한 번 경계를 드러내기도 하며,[291] 눈썹을 치켜세우기도 하고 눈알을 움직이기도 하면서 응대하고[292] 상대하여,[293] 곧장 계합(契合)했다고도 하고 선리(禪理)를 깨달았다고도 하며, 만약 이해하지 못하는 사람을 만나면 곧장 말하기를 전혀 아는 것이 없다고 하다가 그가 만약 도리를 얻게 되면 마음속으로 곧 기뻐하기도 하고, 만약 그에게 설복[294] 당하여 그보다

---

290) 『유마힐소설경』 중권(中卷) 「문수사리문질품(文殊師利問疾品) 제5」에 나오는 구절.
291) 일기일경(一機一境) : 한 번 움직이고, 한 번 대상경계를 드러내다. 인심(人心)을 직지(直指)하는 수단들.
292) 지대(祗對). = 지대(只對). 응대하다. (공경하게) 응대하다. 응답하다.
293) 상당(相當) : 상대(相對)하다.

도 못하면 곧 마음속에 슬픔과 근심²⁹⁵⁾을 품게 되니, 이와 같은 마음과 의식으로 선(禪)을 배워서 무슨 효과가 있겠는가?

가령²⁹⁶⁾ 그대가 약간²⁹⁷⁾의 도리(道理)를 이해한다고 할지라도 단지 마음이 가지는 법(法)²⁹⁸⁾을 얻을 뿐이니, 선도(禪道)와는 전혀 상관이 없다.

그러므로 달마(達摩)는 벽을 마주하여 사람들이 무엇을 보는 것을 전혀 용납하지 않았던 것이다.

그러므로 말한다. '헤아림을 잊으면²⁹⁹⁾ 부처의 길이고, 분별하면 마귀의 경계이다.'³⁰⁰⁾

이 본성은 비록 그대가 어리석을 때도 잃는 것이 아니고, 깨달을 때도 얻는 것이 아니다.

---

294) 절복(折伏) : ①설복시키다. 납득시키다. 굴복시키다. ②믿고 복종하다. =절복(折服).
295) 추창(惆悵) : ①슬프고 처량하다. ②염려하다. 걱정하다. 근심하다.
296) 임(任) : ①따르다. 의지하다. ②마음대로. 제멋대로. ③가령 −라 할지라도.
297) 소허(少許) : 소량. 얼마간. 약간.
298) 심소법(心所法) : 심소유법(心所有法)의 준말. 심소(心所)라고도 함. 의식 작용의 본체를 심왕(心王)이라 하고, 심왕이 객관 대상을 인식할 때 일어나는 정신 작용을 심소(心所)라 함. 구사종(俱舍宗)에서는 46종의 심소법을 말하고, 유식종(唯識宗)에서는 51종의 심소법을 말한다.
299) 망기(忘機) : 망기(亡機)라고도 함. 식기(息機)와 같음. 기(機)는 잔꾀나 지혜를 써서 무슨 일을 이익되게 하려는 마음으로서 분별심과 같음. 망기는 이해타산을 떠난 담박하고 수수한 마음, 분별심을 벗어난 마음을 가리킴.
300) 누구의 말인지 알 수 없다.

타고난 본래의 자성에는 본래 어리석음과 깨달음이 없다.

온 우주의 허공이 원래 나의 한 개 마음이다.

그대가 움직이고 조작한다고 하더라도 어떻게 허공에서 벗어나겠느냐?

허공은 본래 크지도 않고 작지도 않으며, 번뇌도 없고 유위(有爲)도 없으며, 어리석음도 없고 깨달음도 없다.

또렷하게 보지만, 한 물건도 없고, 사람도 없고, 부처도 없다.

털끝만큼의 흔적도 다 끊어 버리고 의지함도 없고 집착도 없이 한길로 깨끗하게 흐르는 이것이 곧 자성의 무생법인(無生法忍)[301] 인데, 왜 망설이는가?[302]

참 부처는 입이 없으니 법을 말할 줄 모르고, 참으로 듣는 자에게는 귀가 없으니 그 누가 듣겠는가?

그만 돌아가 쉬도록 하여라."[303]

---

301) 무생법인(無生法忍) : 불생법인(不生法忍), 불기법인(不起法忍)이라고도 함. 인(忍)은 인(認)과 같이 인정하고 수용한다는 뜻이니, 법인(法忍)은 법을 인정하고 수용하여 의심하지 않는 것. 『유마경(維摩經)』중권(中卷) 「입불이법문품(入不二法門品) 제9」에 "생멸(生滅)은 이법(二法)이지만, 법(法)은 본래 생하지 않는 것이어서 지금 멸하지도 않습니다. 이러한 무생법인(無生法忍)을 얻는 것이 바로 불이법문(不二法門)에 들어가는 것입니다."(生滅爲二, 法本不生今則無滅. 得此無生法忍, 是爲入不二法門.)라 하고 있다. 무생법인(無生法忍)은 불생불멸(不生不滅)하는 법(法), 즉 생겨나거나 소멸함이 없는 법을 인정하고 의심없이 수용한다는 뜻이다.

302) 의의(擬議) : 머뭇거리다. 망설이다.

若言佛道是修學而得, 如此見解全無交涉. 或作一機一境揚眉動目祇對相當, 便道契會也, 得證悟禪理也. 忽逢一人不解, 便道都無所知, 對他若得道理, 心中便歡喜. 若被他折伏不如他, 便卽心懷惆悵. 如此心意學禪, 有何交涉? 任汝會得少許道理, 祇得箇心所法, 禪道總沒交涉. 所以達摩面壁, 都不令人有見處. 故云: '忘機是佛道, 分別是魔境.' 此性縱汝迷時亦不失, 悟時亦不得. 天眞自性, 本無迷悟. 盡十方虛空界, 元來是我一心體. 縱汝動用造作, 豈離虛空? 虛空本來, 無大無小, 無漏無爲, 無迷無悟. 了了見, 無一物, 亦無人, 亦無佛, 絕纖毫的量, 是無依倚, 無粘綴, 一道淸流, 是自性無生法忍, 何有擬議? 眞佛無口, 不解說法, 眞聽無耳, 其誰聞乎? 珍重."

---

303) 진중(珍重) : 헤어질 때의 인사말. "안녕히 (계셔요, 가세요)!" 진중(珍重)의 본래 뜻은 큰 일을 위하여 자신을 소중히 여기라는 것.

16. 뱃사공과 함께

 황벽 선사는 본래 민중(閩中)[304]의 사람이다. 어려서 태어난 고향에 있는 황벽산(黃蘗山)으로 출가하였다. 이마에는 구슬 같은 혹이 솟아나 있었고, 목소리는 산뜻하고 매끈하였고, 의지(意志)는 맑고 온화하며 담백하였다.[305] 뒷날 천태산(天台山)[306]을 여행하다가 한 승려를 만났는데 마치 예전에 알고 있었던 사람 같았다. 이에 함께 가다가 골짜기를 흐르는 개울물을 만났는데, 강물이 불어나 있었다. 황벽이 지팡이에 기대어 서 있자, 그 승려는 황벽을 인솔하여 함께 건너려고 하였다. 황벽이 말했다.
 "스님이 먼저 건너시지요."
 그 승려는 곧 쓰고 있던 삿갓을 물 위에 띄우고는 곧장 건너가 버렸다. 황벽이 말했다.

---

304) 민중(閩中) : 민성(閩省) 즉 복건성(福建省).
305) 충담(沖澹) : =충담(沖淡). ①맑고 온화하며 담백함. ②시가(詩歌)의 표현이 질박하며 뜻이 한가롭고 고요함을 이르는 말.
306) 천태산(天台山) : 절강성(浙江省) 태주부(台州府) 천태현(天台縣) 북쪽에 있는 산. 태산(台山)이라고도 함. 천태종 본산(本山)으로서 지자(智者) 대사가 개창한 국청사(國淸寺)가 있다. 국청사는 수(隋) 개황(開皇) 18년(598)에 양제(煬帝)가 천태지의(天台智顗)를 위해서 창건한 절. 관정(灌頂)과 형계 담연(荊溪湛然)이 머문 천태종의 근본 도량. 현사 사비(玄沙師備)의 제자인 사정(師靜) 등도 여기에 머묾. 당나라 때 천태산 국청사에 숨어 살던 습득·풍간·한산거사를 일컬어 국청(國淸) 3은(隱)이라고 한다.

"내가 일개 뱃사공[307]과 일행이 되었다니, 한 방망이 죽도록 때리지[308] 못한 것이 후회된다."

師本是閩中人. 幼於本州黃蘗山出家. 額間隆起如珠, 音辭朗潤, 志意沖澹. 後遊天台, 逢一僧如舊識. 乃同行, 屬澗水暴漲. 師倚杖而止, 其僧率師同過. 師云: "請兄先過." 其僧卽浮笠於水上便過. 師云: "我卻共箇稍子作隊, 悔不一棒打殺."

---

307) 초자(稍子) : 뱃사공.
308) 살(殺) : 동사나 형용사 뒤에 붙어서 '매우 심한', '끝까지', '죽도록' 등 정도가 극히 심함을 나타내는 말. 소살인(笑殺人)=사람을 죽도록 웃기다, 우스워 죽겠다. 기살인(氣殺人)=매우 화나게 하다, 화가 나서 죽겠다.

17. 귀종의 일미선

어떤 승려가 귀종(歸宗)[309]에게 작별인사를 하자 귀종이 말했다.
"어디로 갑니까?"
"여러 곳으로 가서 오미선(五味禪)을 배우려 합니다."
귀종이 말했다.
"여러 곳에는 오미선이 있지만, 나의 여기에는 다만 일미선(一味禪)이 있을 뿐입니다."
"어떤 것이 일미선입니까?"
귀종이 곧장 때렸다. 승려가 말했다.
"알겠습니다. 알겠습니다."
귀종이 말했다.
"말하시오. 말하시오."
그 승려가 입을 열려고 하자, 귀종이 다시 때렸다. 그 승려가 뒤에 황벽이 있는 곳에 이르자 황벽이 물었다.
"어디에서 옵니까?"
"귀종에서 옵니다."
황벽이 말했다.

---

309) 귀종지상(歸宗智常) : 당대(唐代) 선승. 남악(南嶽) 문하. 여산(廬山) 귀종사(歸宗寺)에 머물렀다. 마조도일(馬祖道一; 709-788)에게 법을 받았다. 시호는 지진선사(至眞禪師).

"귀종에게는 어떤 말씀이 있었습니까?"

그 승려가 앞의 이야기를 하였다.[310] 황벽은 이에 상당(上堂)[311] 하여 이 이야기를 해 주고서 말했다.

"마조(馬祖) 대사가 84인의 선지식을 배출하였는데, 물어봐서 말문이 막히게 하면[312] 한 사람 한 사람이 똥만 줄줄 싸는데,[313] 단지 귀종이 그나마 나은 편이구나."[314]

有僧辭歸宗, 宗云: "往甚處去?" 云: "諸方學五味禪去." 宗云: "諸方有五味禪, 我這裡祇是一味禪." 云: "如何是一味禪?" 宗便打. 僧云: "會也. 會也." 宗云: "道. 道." 僧擬開口, 宗又打. 其僧後到處, 師問: "甚麼處

---

310) 거(擧): 말하다.(『廣韻, 語韻』擧, 言也.『正字通, 曰部』擧, 稱引也.『禮記, 雜記下』過而擧君之諱則起.『鄭玄注』擧, 猶言也. 唐, 韓愈『原道』不惟擧之于其口, 而又筆之于其書.) 말해 주다. 예를 들다. 일화를 말하다. 인용하여 말하다. 제시(提示)하다. 기억해 내다.(=기득(記得)) 거(擧)는 이전의 이야기나 남의 말을 그대로 인용하여 타인에게 말해 준다는 뜻. 종사(宗師)가 상당하여 설법할 때 경전의 이야기나 옛 조사나 종사의 인연(因緣) 혹은 공안(公案)을 끄집어 내어 인용하여 말해 주는 것을 그 설법을 기록하는 자가 거(擧)라는 말로써 표현하였다.

311) 상당(上堂): 법당에 들어가서 설법하다. 또는 법상이나 법좌에 오르다는 뜻. 당시 풍습으로는 상당법문 중에는 모든 사람이 일어서서 설법을 들었다고 한다.

312) 문착(問着): 질문을 하여 말문이 막히게 하다. =문단(問短), 문간(問干), 문주(問住).

313) 아록록지(屙漉漉地): 똥을 줄줄 싸다. 녹록지(漉漉地)는 줄줄 흐르는 모습.

314) 교사자(較些子): 조금 좋다. 아직 미흡하지만 일단 우선은 좋다. 이제 겨우 조금 좋다. = 유교사자(猶較些子).

來?" 云: "歸宗來." 師云: "歸宗有何言句?" 僧遂擧前話. 師乃上堂擧此因緣云: "馬大師出八十四人善知識, 問着箇箇屙㶉㶉地, 祇有歸宗較些子."

18. 사미를 때리다

황벽이 염관(鹽官)[315]의 회상에 있을 때 대중(大中)[316] 황제는 사미(沙彌)[317]로 있었다. 황벽이 불전(佛殿)에서 불상에 절을 올리고 있는데 사미가 말했다.

"부처를 구할 필요도 없고[318] 법을 구할 필요도 없고 중생을 구할 필요도 없는데, 장로(長老)께선 절을 하여 무엇을 구하십니까?"

황벽이 말했다.

"부처를 구할 필요도 없고 법을 구할 필요도 없고 중생을 구할 필요도 없지만, 일상의 예법이 이와 같은 일이다."

사미가 말했다.

"절을 하여[319] 무엇을 하려는 것입니까?"

---

315) 염관제안(鹽官齊安) : ?-842. 당대(唐代) 스님. 남악(南嶽) 문하. 염관은 주석 지명. 속성은 이(李)씨. 해문군(海門郡) 출신. 향리의 운종(雲琮)에게로 출가하여, 남악지엄(南嶽智嚴)에게 구족계를 받고, 강서성 남강의 마조도일(馬祖道一)에게 참구하여 그의 법을 이어받음. 절강성 월주 숙산 법락사(法樂寺), 항주 염관 진국 해창원(海昌院)에 머뭄. 회창(會昌) 2년 12월 22일 입적. 선종(宣宗)이 오공(悟空) 대사 · 서심지탑(棲心之塔)이라 시호하고, 추도의 시를 지음.
316) 대중(大中) : 당(唐) 16대 임금인 선종(宣宗) 이침(李忱)의 연호. 재위 기간은 서기 846년-859년.
317) 사미(沙彌) : 사미는 범어 śrāmaṇeraka 또는 śrāmaṇera의 음역. 불교 교단(승가) 중에서 십계를 받은 7세 이상 20세 미만의 출가한 남자. 같은 여자를 사미니(沙彌尼(범어 śrāmaṇerikā))라 한다.
318) 불착(不著) : =불용(不用), 불수(不須). ①-할 필요 없다. ②-할 수 없다.

황벽이 곧장 손바닥으로 때리자, 사미가 말했다.
"너무 거칠군요."
황벽이 말했다.
"여기에 무엇이 있다고 거칠다 하고 미세하다 하는가?"
그러고는 다시 손바닥으로 때리자, 사미는 곧장 달아나 버렸다.

師在鹽官會裡, 大中帝爲沙彌. 師於佛殿上禮佛, 沙彌云: "不着佛求, 不着法求, 不着衆求, 長老禮拜, 當何所求?" 師云: "不着佛求, 不着法求, 不着衆求, 常禮如是事." 沙彌云: "用禮何爲?" 師便掌, 沙彌云: "太麤生." 師云: "這裡是什麼所在, 說麤說細?" 隨後又掌, 沙彌便走.

---

319) 용(用) : -으로써. =이(以).

19. 언제 불도를 행했나

황벽이 행각(行脚)[320]할 때 남전(南泉)에 이르렀는데, 하루는 식사 때 발을 받들고서 남전의 자리에 가서 앉았다. 남전이 내려와서 보고는 곧 물었다.

"장로는 어느 해에 불도(佛道)를 행하였소?"

황벽이 말했다.

"위음왕(威音王) 이전[321]입니다."

남전이 말했다.

"오히려[322] 왕노사(王老師)[323]의 자손(子孫)이로군요."

황벽은 곧 아래로 내려갔다.

師行脚時到南泉, 一日齋時, 捧缽向南泉位上坐. 南泉下來見, 便問: "長

---

320) 행각(行脚) : 선종의 승려가 공부하기 위하여 여러 지방의 안목(眼目) 있는 고승(高僧)을 찾아 여행하는 것. 선승의 행각에는 일정한 규범이 있으며, 선의 중요한 기연들이 행각 중에 성립된다.
321) 위음왕이전(威音王已前) : =위음왕나반(威音王那畔). 위음왕불이 출세하기 이전. 과거장엄겁(過去莊嚴劫)의 최초불을 위음왕불이라 함. 부모미생전(父母未生前), 천지미분전(天地未分前)이란 말과 같이 태초(太初)를 표시하는 말. 향상제일의제(向上第一義諦)를 표시하는 말.『조정사원(祖庭事苑)』에는 위음왕 이전은 실제이지(實際理地)를 밝힌 것이고, 위음왕 이후는 불사문중(佛事門中)을 밝힌 것이라 하였음.
322) 유시(猶是) : 여전히 - 이다. 오히려 -이다.
323) 왕노사(王老師) : 남전보원(南泉普願).

老什麼年中行道?"師云:"威音王已前."南泉云:"猶是王老師孫在."師便下去.

20. 삿갓 속의 세계

황벽이 어느 날 외출할 때 남전이 말했다.

"이렇게[324] 커다란 몸집에 조금 큰 삿갓을 썼군요."

황벽이 말했다.

"삼천대천세계가 모두 이 속에 있습니다."

남전이 말했다.

"왕노사는 (어디에 있습니까)?"[325]

황벽은 삿갓을 쓰고는 곧 가 버렸다.

師一日出次, 南泉云:"如許大身材, 戴箇些子大笠." 師云:"三千大千世界, 總在裡許." 南泉云:"王老師聻?" 師戴笠便行.

---

324) 여허(如許) : 이와 같다.=여차(如此).
325) 니(聻) : ①의문어조사 니(呢)의 전신(前身). 당오대(唐五代)에 많이 사용되었다. 일부러 가리켜서 묻는 경우에 주로 사용한다. ②가리키는 모양을 나타내는 의태어.

21. 황벽의 견처

황벽이 어느 날 차당(茶堂) 속에 앉아 있는데 남전이 내려와서 물었다.

"선정과 지혜를 동등하게 배워서 불성을 밝게 본다면, 이러한 도리는 어떻습니까?"

황벽이 말했다.

"하루 24시간 동안 한 물건에도 의지하지 않습니다."

남전이 말했다.

"바로 장로의 견처인가요?"[326]

황벽이 말했다.

"그렇습니다."[327]

남전이 말했다.

"차(茶)[328] 값은 우선 놓아두더라도,[329] 초혜전(草鞋錢)[330]은 누구

---

326) 막시(莫是) - 마(麽) : -가 아닌가? -인가?
327) 불감(不敢) : (상대방의 초대나 칭찬이나 인정에 대하여 겸손하게 긍정하는 말) 송구스럽게도 그렇습니다.
328) 장수(漿水) : ①물이나 그 밖의 마실거리. 음료수. ②쌀로 빚은 술과 비슷하면서 신맛이 나는 음료수. 발효음료. =산장(酸漿). 여기에서는 차당(茶堂)에서의 대화이므로 마시는 차(茶)를 가리킨다.
329) 차치(且置) : 우선 놓아두다. 우선 내버려두다. 일단 그대로 두다.
330) 초혜전(草鞋錢) : 관리(官吏)가 출장 갈 때 민간(民間)에서 거두어들이는 노자(路資) 돈. 여기에서는 스님이 행각(行脚)할 때 사용하기 위하여 신도에게 시주 받은 돈을 가리킨다.

에게 돌려받을까?"[331]

황벽은 이에 그만두었다.

뒷날 위산(潙山)[332]이 이 이야기를 들어서 앙산(仰山)[333]에게 물

주 받은 돈을 가리킨다.

331) "우리 절의 차당(茶堂)에서 마신 찻값은 내가 받지 않는다고 하더라도, 당신이 행각하기 위하여 신도들에게 시주 받은 돈의 대가는 어떻게 치를 것이냐?"라는 말. 황벽의 공부가 철저하지 못함을 지적하는 말이다.

332) 위산(潙山) : 위산영우(潙山靈祐; 771-853). 속성은 조씨(趙氏)이고, 복건성(福建省) 복주(福州)의 장계(長溪) 출신이다. 위산에 머물렀기 때문에 위산영우라 일컬어졌다. 제자 앙산혜적(仰山慧寂)과 함께 선풍(禪風)을 크게 드날렸기 때문에 그 법계(法系)를 위앙종(潙仰宗)이라 하고, 위산을 종조(宗祖)라 한다. 15세에 출가하여 절강성(浙江省) 항주(杭州)의 용흥사(龍興寺)에서 경율을 배웠고, 강서성(江西省) 홍주(洪州)의 백장회해(百丈懷海)의 문하에 출입하여 그 법을 이었다. 같은 문하에 황벽이 동년배로 있었고, 함께 선계(禪界)에서 명성을 떨쳤다. 위산은 호남성(湖南省) 담주(潭州)의 대위산(大潙山)에 주석하면서 종풍을 거양(擧揚)하였고, 수많은 용상(龍象)들을 배출하였다. 입실(入室) 제자만도 41명이나 된다고 하며, 그 가운데서도 앙산혜적은 특히 빼어났고, 이외에도 향엄지한(香嚴智閑)·연경법단(延慶法端)·경산홍연(徑山洪諲)·영운지근(靈雲志勤)·왕경초상시(王敬初常侍) 등의 빼어난 인물들이 있었다. 대중(大中) 7년 정월 9일에 입적하였다. 시호는 대원(大圓)선사이다. 그의 가르침은 『위산경책(潙山警策)』(1권)에 수록되어 있으며, 『담주위산영우선사어록(潭州潙山靈祐禪師語錄)』(1권)도 있다. 그의 전기는 『조당집』권16 · 『송고승전』권2 · 『연등회요』 권7 · 『오등회원』권9 · 『불조역대통재』권16 · 『석씨계고략』권3 등에 실려 있다.

333) 앙산(仰山) : 앙산혜적(仰山慧寂; 807-883). 광동성(廣東省) 소주(韶州)의 회화현(懷化縣) 사람으로 속성은 섭씨(葉氏)이다. 15세에 출가에 뜻을 두었으나 부모의 반대에 부딪쳤다. 17세에 손가락 둘을 잘라서 정법(正法)을 구할 것을 맹

었다.

"황벽이 저 남전을 속이지[334] 못한 것이냐?"

앙산이 말했다.

"그렇지 않습니다. 황벽에게는 호랑이를 사로잡을 기지(機智)가 있음을 알아야 합니다."

위산이 말했다.

"그대의 안목(眼目)[335]이 이렇게[336] 컸구나."

師一日在茶堂內坐, 南泉下來問: "定慧等學, 明見佛性, 此理如何?" 師云: "十二時中, 不依倚一物." 泉云: "莫便是長老見處麼?" 師云: "不敢."

세하고는 남화사(南華寺)의 통(通) 선사를 찾아가 사미(沙彌)가 되었다. 수계(受戒)한 후에는 율장(律藏)을 배웠고, 후에 암두(巖頭)와 석실(石室)에게 참학하였다. 또 탐원 응진(耽源應眞)에게서 원상(圓相)의 의리를 배웠고, 나아가 위산을 섬긴 지 15년만에 그 법을 이었다. 왕망산(王莽山)에 주석하였고, 후에는 강서성(江西省)의 앙산(仰山)에 머물면서 선풍을 고취하였다. 중화(中和) 3년—일설에는 정명(貞明) 2년(916) 또는 대순(大順) 2년(891)이라고도 한다—에 입적하였다. 시호는 지통(智通)대사이다. 위앙종은 스승인 위산과 앙산의 머릿글자를 따서 종명(宗名)으로 삼은 것이다. 그의 전기는, 『조당집』권18 · 『송고승전』권12 · 『경덕전등록』권2 · 『연등회요』권8 · 『오등회원』권9 · 『불조역대통재』권17 · 『석씨계고략』권3 등에 실려 있다.

334) 구(搆) : 남을 모함하다. 음해하다. 이간질하다.
335) 견처(見處) : 견해처(見解處), 견해(見解), 소견(所見), 안목(眼目)의 뜻으로, 진리를 바라보는 안목의 정도 또는 깨달음의 깊이를 나타내는 말이다.
336) 여마(與麼) : 임마(恁麼)라고도 쓴다. 문어(文語)의 여시(如是), 여차(如此)와 같은 뜻이다.

泉云:"漿水錢且置, 草鞋錢敎什麼人還?"師便休. 後潙山舉此因緣問仰山: "莫是黃蘗搆他南泉不得麼?"仰山云:"不然. 須知黃蘗有陷虎之機." 潙山云:"子見處得與麼長."

22. 나물 다듬기

어느 날 보청(普請 : 대중 울력)할 때 남전이 물었다.

"어디로 갑니까?"

황벽이 말했다.

"나물을 다듬으러337) 갑니다."

남전이 말했다.

"무엇을 가지고 다듬습니까?"

황벽이 칼을 세워 보이자 남전이 말했다.

"다만 손님이 될 줄만 알 뿐, 주인 노릇할 줄은 모르는군."

황벽은 칼을 세 번 두드렸다.338)

一日普請泉問:"什麽處去?"師云:"擇菜去."泉云:"將什麽擇?"師豎起刀子, 泉云:"只解作賓, 不解作主."師扣三下.

---

337) 택채(擇菜) : ①나물을 가리다. 나물을 다듬다. ②반찬을 가려먹다.
338) 구(扣) : 두드리다.

23. 좋은 사냥개

하루는 다섯 사람이 새로 찾아와 동시에 만나 보았는데, 그 중 한 사람은 절을 하지 않고 손으로 동그라미를 한 번 그리고는 서 있었다. 황벽이 말했다.

"좋은 사냥개 한 마리를 아느냐?"[339]

"영양(羚羊)의 기운을 찾아 왔습니다."

황벽이 말했다.

"영양에게는 기운이 없는데, 그대는 어디에서 찾으려 하느냐?"

"영양의 발자국을 찾아 왔습니다."

황벽이 말했다.

"영양에게는 발자국이 없는데, 그대는 어디에서 찾으려 하느냐?"

"영양의 흔적을 찾아 왔습니다."

황벽이 말했다.

"영양에게는 흔적이 없는데, 그대는 어디에서 찾으려 하느냐?"

"그렇다면 죽은 영양입니다."

황벽은 여기에서 그만두었다. 다음 날 법좌(法座)에 올라 설법이 끝난 뒤에 물었다.

"어제 영양을 찾던 스님은 앞으로 나오너라."

그 승려가 곧 앞으로 나오자, 황벽이 말했다.

---

339) 지도(知道) : 알다. 깨닫다. =지(知), 지유(知有).

"내가 어제 이후로340) 아직 말을 하지 않았는데, 어떠냐?"341)

그 승려가 말이 없자, 황벽이 말했다.

"본래의 모습을 지닌342) 납승(衲僧)343)인 줄 알았는데,344) 원래 다만 뜻으로 배우는345) 사문(沙門)346)이었구나."

一日五人新到, 同時相看, 一人不禮拜, 以手畫一圓相而立. 師云: "還知道好隻獵犬麼?" 云: "尋羚羊氣來." 師云: "羚羊無氣, 汝向什麼處尋?" 云: "尋羚羊蹤來." 師云: "羚羊無蹤, 汝向什麼處尋?" 云: "尋羚羊跡來." 師云: "羚羊無跡, 汝向什麼處尋?" 云: "與麼則死羚羊也." 師便休. 來日陞座

---

340) 후두(後頭) : ①뒤, 뒤쪽. ②이후, 장래.
341) 작마생(作麼生) : 어째서? 왜? 어떻게? 어떠하냐? 무엇하러? =작마(作麼), 즉마(則麼), 자심마(子甚麼), 자마(子麼).
342) 본색(本色) : 본래의 모습을 지닌.
343) 납승(衲僧) : 납의(衲衣) 즉 누더기 옷을 입은 승려란 뜻. 특히 선종(禪宗)에서 선승(禪僧)을 가리키는 말로 쓴다. =납자(衲子).
344) 장위(將謂) : -라고 여겼는데(결국 그렇지 않다는 뜻을 내포함). -라고 잘못 알다. =장위(將爲).
345) 의학(義學) : 언어문자를 사용하여 의미를 따라 불법을 배우는 것. 교학(敎學)과 같음.
346) 사문(沙門) : śramaṇa. 상문(桑門·喪門)·사문(婆門)·사문나(沙門那)·사라마나(舍囉摩拏)라고도 쓰며, 식심(息心)·공로(功勞)·근식(勤息)이라 번역. 부지런히 모든 좋은 일을 닦고 나쁜 일을 일으키지 않는 이란 뜻. 외도(外道)·불교도를 불문하고, 처자 권속을 버리고 수도 생활을 하는 이를 총칭함. 후세에는 오로지 불문(佛門)에서 출가한 이를 말한다. 비구(比丘)와 같은 뜻으로 씀.

退問:"昨日尋羚羊僧出來." 其僧便出, 師云:"老僧昨日後頭未有語在, 作麼生?" 其僧無語, 師云:"將謂是本色衲僧, 元來祇是義學沙門."

24. 배휴와의 인연

황벽은 일찍이 대중을 흩어 버리고 홍주(洪州)의 개원사(開元寺)[347]에 머물렀던 적이 있었다. 배휴(裵休) 상공(相公)이 하루는 개원사로 들어와서 참배할 때 벽에 있던 그림을 보고서 주지에게 물었다.

"이 그림은 어떤 그림입니까?"

주지가 말했다.

"고승(高僧)을 그려 놓은 것입니다."

상공이 말했다.

"모습은 여기에 있는데, 고승은 어디에 있습니까?"

주지가 대답을 하지 못하자 상공이 말했다.

"여기에 선승(禪僧)은 없습니까?"

주지가 말했다.

"한 사람이 있습니다."

상공이 드디어 황벽을 청하여 만나 보고는 앞서의 이야기를 가지고 황벽에게 물었다. 이에 황벽은 배휴를 불렀다.

"배휴!"

배휴가 "예!" 하고 답하자, 황벽이 말했다.

---

347) 개원사(開元寺) : 당(唐) 현종(玄宗) 개원(開元) 26년(738년)에 각 주(州)에 하나씩 건립한 관사(官寺).

"어디에 있습니까?"

상공은 그 말을 듣고서 깨달은 바가 있었다. 그리하여 다시 황벽에게 개당(開堂)[348]하기를 청했다.

師曾散衆, 在洪州開元寺. 裴相公一日入寺行次, 見壁畫, 乃問寺主: "這畫是什麼?" 寺主云: "畫高僧." 相公云: "形影在這裡, 高僧在什麼處?" 寺主無對, 相公云: "此間莫有禪僧麼?" 寺主云: "有一人." 相公遂請師相見, 乃擧前話問師. 師召云: "裴休!" 休應諾, 師云: "在什麼處?" 相公於言下有省. 乃再請師開堂.

---

348) 개당(開堂) : 선승(禪僧)이 법당(法堂)을 열고 공식적인 설법(說法)을 시작하는 것. 남송대(南宋代) 이후의 개당은 방장(方丈)의 부임 행사의 일부로 행하여졌다.

25. 선사가 없다

상당하여 말했다.

"그대들 여러 사람들은 모두 술지게미를 먹는 놈들이다. 이와 같이 행각(行脚)하면서 다른 사람들을 죽도록 웃기는구나.[349] 모두들[350] 이렇게 대강대강 지내니,[351] 어느 곳에서 다시 오늘 같은 날이 있겠느냐?[352] 그대들은 이렇게 큰 당(唐)나라에 선사(禪師)가 없다는 것을 아느냐?"

그때 어떤 승려가 물었다.

"그런데[353] 여러 지방에서 선지식들이 지금 세상에 나와 사람들을 구제하고 중생을 일깨우고 있는데, 무슨 까닭에 도리어 선사가 없다고 말씀하십니까?"

황벽이 말했다.

"선(禪)이 없다고 말한 것이 아니라, 사(師)가 없다고 말한 것일

---

349) 소살(笑殺) : 우스워 죽을 지경이다. 배를 잡고 웃게 만들다. 살(殺)은 살(煞)로도 쓰며, 동사나 형용사 뒤에 붙어서 '매우 심한', '끝까지', '죽도록' 등 정도가 극히 심함을 나타내는 말.
350) 총(總) : ①모두. 전부. ②다. 모조리. 온통.
351) 용이(容易) : 경솔하다. 신중하지 않다. 등한하다. 힘들지 않다. 대강대강.
352) 오늘이 공부할 수 있는 날이다. 언제 다시 오늘 같이 공부할 수 있는 날이 오겠느냐? 때를 기다리지 마라.
353) 지여(祗如) : =지우(至于), 약부(若夫), 지여(只如). ①-에 대하여는. -과 같은 것은. ②예컨대. ③그런데.

뿐이다."

뒷날 위산이 이 이야기를 들어서 앙산에게 물었다.
"이 뜻이 어떠냐?"
앙산이 말했다.
"거위왕은 우유만을 가려서 먹으니,354) 오리 부류와는 전혀 다릅니다."355)
위산이 말했다.
"이것은 참으로 판별하기가 어렵다."

上堂云:"汝等諸人盡是喫酒糟漢. 與麼行脚, 笑殺他人. 總似與麼容易, 何處更有今日? 汝還知大唐國裡無禪師麼?"時有僧問:"祇如諸方見今出世, 匡徒領衆, 爲什麼卻道無禪師?"師云:"不道無禪, 祇道無師."後潙山擧此因緣問仰山云:"意作麼生?"仰山云:"鵝王擇乳, 素非鴨類."潙山云:"此實難辨."

---

354) 아왕택유(鵝王擇乳) : 아왕별유(鵝王別乳), 아왕끽유(鵝王喫乳)로도 쓴다. 『정법념처경(正法念處經)』 권64에 나오는 이야기로, 그릇에 물과 우유를 섞어 놓으면 아왕(鵝王)은 우유만 마시고 물은 남긴다고 한다. 실상(實相)과 망상(妄相)을 잘 판단한다는 뜻. 아왕(鵝王)은 부처를 가리키는 말인데, 부처의 손가락과 발가락 사이에 수족만망상(手足縵網相)이라는 얇은 막이 있어 그 모습이 거위의 발과 같다는 데서 유래한다.
355) 소비(素非) : 참으로 –가 아니다. 결코 –가 아니다.

26. 불상의 이름

　배상공(裵相公)이 하루는 불상 하나를 황벽 앞에 받쳐 들고 무릎을 꿇고서 말했다.
　"스님께서 이름을 지어[356] 주십시오."
　황벽이 배휴를 불렀다.
　"배휴!"
　배휴가 "예!" 하고 답하자, 황벽이 말했다.
　"당신에게 이름을 다 지어 주었습니다."
　상공은 곧 절을 올렸다.

　裵相一日托一尊佛於師前胡跪云:"請師安名." 師召云:"裵休!" 休應諾, 師云:"與汝安名竟." 相公便禮拜.

---

356) 안명(安名) : 이름을 지어 주다. 불교에서 계(戒)를 받은 사람에게 처음 법명(法名)을 지어 주는 일.

27. 배휴의 시

배상공이 하루는 시(詩) 한 수를 지어 황벽 선사에게 드리니, 황벽은 받아서 곧장 찢어 버렸다.[357] 그러고는 물었다.

"알겠습니까?"

상공이 말했다.

"모르겠습니다."

황벽이 말했다.

"그렇게 모른다면, 그나마 좋습니다.[358] 만약 문자[359]로써 나타낸다면, 우리 선종(禪宗)이 어떻게 있겠습니까?"

그 시는 이렇다.

"대사께서 마음 도장을 전한 이래

이마에 둥근 구슬이 있는 몸[360]이로다.

촉수(蜀水)[361]에 거처를 정해 머물기[362] 십 년,

---

357) 좌각(坐卻) : 꺾어 버리다. 찢어 버리다. 부수어 버리다. =좌단(剉斷).
358) 유교사자(猶較些子) : 우선은 되었지만 아직 조금 부족하다. 우선 조금 되었다. 그나마 괜찮다.(불만족한 긍정)
359) 지묵(紙墨) : ①종이와 먹. ②문자 또는 문장.
360) 칠척신(七尺身) : 사람의 몸. 육체. 사람의 몸은 옛 척도로 대략 칠척(七尺)이 되므로 칠척신(七尺身)은 사람의 몸을 가리킨다. =칠척구(七尺軀).
361) 촉수(蜀水) : 강서성(江西省) 수천현(遂川縣) 북쪽 120리에 있는 강. 화촉수(禾蜀水)라고도 함.

물 위에 띄운 술잔[363]이 오늘은 장수(漳水)[364]를 건너네.
　　일천(一千) 무리의 용상(龍象)[365]은 발길 닿는 대로[366] 성큼성큼 걷고,[367]
　　천지에 가득히 향내 풍기는 꽃은 좋은 인연(因緣)을 맺는다네.
　　스승으로 모시고자 원하여 제자가 되었지만,
　　법을 누구에게 부촉할지는 알지 못한다네."

　　황벽도 여기에 답하여 시를 지었다.

---

362) 괘석(掛錫) : 석장(錫杖)을 걸어 놓고 쉰다는 뜻. ①예전에 행각(行脚)할 때는 반드시 석장을 가지고 다니다가, 승당(僧堂)에 들어가 안거(安居)할 때는 벽에 걸어 두므로, 안거하는 것을 괘석이라고도 함. ②절에서 거주하는 것을 말함. 우리나라 속어로는 방부(榜付).

363) 부배(浮杯) : ①삼월 삼짇날 곡수(曲水)에 술잔을 띄우고서 그 잔이 멈춘 곳에 있는 사람이 그 술을 마시며 노는 놀이. ②별주로 술잔에 가득 채운 술을 마심. 술을 쭉 들이킴.

364) 장수(漳水) : ①산서성(山西省) 남동쪽에서 발원하는 장하(漳河). ②호북성(湖北省) 장현(漳縣) 남서쪽 형산(荊山)에서 발원하여 당양시(當陽市) 남쪽에서 저수(沮水)와 합류하는 강. ③호북성(湖北省) 대홍산(大洪山)에서 발원하여 운몽현(雲夢縣) 남쪽에서 운수(溳水)로 흘러들어 가는 강. ④위수(渭水) 상류의 지류로서, 감숙성(甘肅省) 민현(岷縣) 북쪽에서 발원하여 장현(漳縣)을 지나 광오하(廣吳河)와 합류하는 강.

365) 용상(龍象) : 코끼리. 대중 가운데 안목이 뛰어난 승려를 비유한 말.

366) 수보(隨步) : 발길 닿는 대로.

367) 고보(高步) : 성큼성큼 걷다. 큰 걸음걸이.

"마음은 마치 큰 바다와 같아서 끝이 없는데,

입으로는 붉은 연꽃을 토하여 병든 몸을 조리한다네.[368]

비록 한 쌍의 일 없는 손이 있으나,

평범한 사람[369]에게 예의를 갖추어 절한[370] 적은 없다."

相公一日上詩一章, 師接得便坐卻. 乃問: "會麼?" 相公云: "不會." 師云: "與麼不會, 猶較些子. 若形紙墨, 何有吾宗?" 詩曰: "自從大士傳心印, 額有圓珠七尺身. 掛錫十年棲蜀水, 浮杯今日渡漳濱. 千徒龍象隨高步, 萬里香花結勝因. 願欲事師爲弟子, 不知將法付何人." 師答曰: "心如大海無邊際, 口吐紅蓮養病身. 雖有一雙無事手, 不曾祇揖等閑人."

---

368) 양병(養病) : 요양하다. 몸을 조리하여 병을 낫도록 함.
369) 등한인(等閑人) : ①평범한 사람. ②실없는 사람. 범부중생을 가리킴.
370) 지읍(祇揖) : 서로 만났을 때 상대방에게 엄숙하게 읍(揖)을 하는 예의. 읍(揖)이란 두 손을 가슴 앞에 모아 맞 쥐고 고개를 숙여 절하는 예법.

28. 설법(說法)[371]

무릇 도를 배우는 자라면 먼저 모름지기 잡다하게 배운 모든 인연을 내버리고 절대로 구하지 말고 절대로 붙잡지 말아야 한다.

깊은 법을 들으면 마치 맑은 바람이 귀를 간질이는 것처럼 힐끗 보고서[372] 지나가 다시는 따지고 캐묻지[373] 않으니, 이것이 여래(如來)의 선(禪)에 매우 깊이 들어가 선(禪)이라는 생각을 일으키지 않는 것이다.

예부터 조사(祖師)들은 오직 한 개 마음만을 전하였고 다시 두 번째 법은 없었다.

마음이 곧 부처임을 가리켜, 등각(等覺)[374]과 묘각(妙覺)[375]이라는 표식(表式)을 곧장 뛰어넘어 절대로 두 번째 생각으로 흘러가지 않아야 비로소 우리 선종(禪宗)의 문(門)에 들어온 것과 같다.

이와 같은 법을 그대들처럼 경솔한[376] 사람들이 여기에 이르러

---

371) 이하의 글은 앞서의 글들과는 사뭇 분위기가 다르다. 아마도 누군가가 위작(僞作)을 하여 덧붙인 것이 아닌가 하고 의심된다.
372) 별연(瞥然) : =별지(瞥地). ①문득 깨닫다. =돈오(頓悟), 성오(省悟). ②갑자기. 얼핏. 언뜻. 힐끗(보다). ③일별(一瞥)하다.
373) 추심(追尋) : 추적하다. 따지다. 캐다.
374) 등각(等覺) : 보살수행의 52계위 가운데서 51위를 가리킨다. 이것은 십지(十地) 법운지(法雲地) 위에 있으며 최고의 불위(佛位)인 묘각(妙覺)의 아래에 있다.
375) 묘각(妙覺) : 불과(佛果)를 말한다. 보살수행의 지위 점차인 52위(位)나 41위의 마지막 지위. 등각위(等覺位)에 있는 보살이 다시 1품의 무명을 끊고 이 지위에 들어간다. 온갖 번뇌를 끊어 버린 부처님의 자리.

어떻게 배우려 하느냐?

그러므로 말한다.

마음으로 헤아릴[377] 때는 헤아리는 마음이라는 마귀에게 사로잡히고, 마음으로 헤아리지 않을 때는 다시 헤아리지 않는 마음이라는 마귀에게 사로잡히고, 마음으로 헤아리지 않는 것이 아닐 때는 다시 마음으로 헤아리지 않는 것이 아닌 마귀에게 사로잡힌다.

마귀는 밖에서 오는 것이 아니라 그대의 마음에서 나온다.

오직 신통(神通)이 없는 보살이어야 발자국을 찾을 수가 없는 것이다.

夫學道者, 先須屏卻雜學諸緣, 決定不求, 決定不着. 聞其深法, 恰似淸風屆耳, 瞥然而過, 更不追尋, 是爲甚深入如來禪, 離生禪想. 從上祖師唯傳一心, 更無二法. 指心是佛, 頓超等妙二覺之表, 決定不流至第二念, 始似入我宗門. 如斯之法, 汝取次人, 到這裡擬作麼生學? 所以道. 擬心時, 被擬心魔縛, 非擬心時, 又被非擬心魔縛, 非非擬心時, 又被非非擬心魔縛. 魔非外來, 出自你心. 唯有無神通菩薩, 足跡不可尋.

---

376) 취차(取次) : ①순차적으로. 순서대로. 차례차례. ②창졸간. 별안간. ③뜻대로. ④대강대강. 적당히. ⑤차례. 단계. ⑥점차. 차차. ⑦잠깐. ⑧이러지도 저러지도 못함. 입장이 곤란함.
377) 의심(擬心) : ①마음으로 헤아리다. ②마음을 내어 -하려 하다.

만약 늘 마음에 항상(恒常)하다는 견해를 가지고 있으면, 상견외도(常見外道)이다.

만약 모든 법이 공(空)임을 관찰하고서 모든 법이 공이라는 견해를 지으면, 단견외도(斷見外道)이다.

온 세계는 오직 마음이고, 삼라만상은 다만 의식(意識)이라고 하는데, 이것조차378) 외도와 삿된 견해를 가진 사람에게 대하여 하는 말이다.

만약 법신(法身)을 최상의 깨달음379)이라고 말한다면, 이것은 삼현십성(三賢十聖)380)의 사람에게 대하여 하는 말이다.

그러므로 부처는 두 가지 어리석음을 끊으니, 첫째는 미세한 알음알이의 어리석음이고, 둘째는 극히 미세한 알음알이의 어리석음이다.

부처가 이미 이와 같은데, 다시 무슨 등각과 묘각을 말하겠는가?

그러므로 모든 사람은 다만 밝음을 향하려 할 뿐 어둠을 향하려 하지 않고, 단지 깨달음을 구하려 할 뿐 번뇌와 무명(無明)을 받지 않으려 하면서 곧장 말하기를 부처는 깨달았고 중생은 망상한다

---

378) 유(猶) : -까지도. -조차도.
379) 극과(極果) : 최상의 깨달음. 대승에서는 불과(佛果), 소승에서는 아라한과(阿羅漢果)를 가리킴.
380) 삼현십성(三賢十聖) : 대승에서 깨달음의 단계에 의하여 현인(賢人)과 성인(聖人)을 구분하는 것. 삼현(三賢)은 십주(十住), 십행(十行), 십회향(十廻向)의 보살을 가리키고, 십성(十聖)은 십지(十地)의 보살을 가리킴. 일반적으로 고위(高位)의 보살을 가리키는 말.

완릉록

고 한다.

만약 이와 같은 견해를 짓는다면, 영원히 육도(六道)를 윤회하면서 결코 끝나지 않을 것이다.

왜 그런가?

모든 부처의 본원(本源)인 자성(自性)을 비방하는 것이기 때문이다.

그[381]는 분명히 그대들에게 말했다.

'부처는 결코 밝지 않고[382] 중생은 결코 어둡지 않으니 법에는 밝음과 어둠이 없기 때문이다.

부처는 결코 강하지 않고 중생은 결코 약하지 않으니 법에는 강함과 약함이 없기 때문이다.

부처는 결코 지혜롭지 않고 중생은 결코 어리석지 않으니 법에는 지혜로움과 어리석음이 없기 때문이다.'

若以一切時中心有常見, 卽是常見外道. 若觀一切法空作空見者, 卽是斷見外道. 一切三界唯心萬法唯識, 此猶是對外道邪見人說. 若說法身以爲極果, 此對三賢十聖人言. 故佛斷二愚, 一者微細所知愚, 二者極微細所知愚.

---

381) 여기에서 '그'(他)는 누구를 가리킬까? 어쩌면 황벽(黃檗)을 가리키는 것인지도 모른다. 만약 '그'가 황벽을 가리킨다면, 이 글은 황벽의 글이 아니고, 제3의 인물이 황벽의 가르침을 소개하는 글이 될 것이다.

382) 차불(且不) : 오랫동안 –하지 않다. 좀처럼 –하지 않다. 전혀 –하지 않다. 결코 –가 아니다.

佛旣如是, 更說什麼等妙二覺來? 所以一切人, 但欲向明, 不欲向闇, 但欲求悟, 不受煩惱無明, 便道佛是覺衆生是妄. 若作如是見解, 百劫千生輪迴六道, 更無斷絶. 何以故? 爲謗諸佛本源自性故. 他分明向你道: '佛且不明, 衆生且不闇, 法無明闇故. 佛且不彊, 衆生且不弱, 法無彊弱故. 佛且不智, 衆生且不愚, 法無愚智故.'

그대들은[383] 얼굴을 내밀고서[384] 모두들 "선(禪)을 안다."라고 말하지만, 남몰래 말에 집착하니 곧 병이 생긴다.

뿌리는 말하지 않고 오직 가지만 말하고, 어리석음은 말하지 않고 오직 깨달음만 말하고, 본체는 말하지 않고 오직 작용만 말하니, 그대들이 말하는[385] 그런 것은 전혀 없다.

저 모든 법은 본래 있는 것이 아니고, 지금 또한 없는 것이 아니다.

인연(因緣)이 일어나지만 있지 않고, 인연이 소멸하지만 없지 않다.

근본도 있지 않으니, 근본은 근본이 아니기 때문이다.

마음도 마음이라고 하지 못하니, 마음은 마음이 아니기 때문이다.

---

383) 시(是) : 말머리의 인칭대명사 앞에 놓은 무의미한 조사.
384) 출두(出頭) : 얼굴을 내밀다.
385) 화론(話論) : 말하다. =설(說).

모습도 모습이 아니니, 모습은 모습이 아니기 때문이다.

그러므로 말하기를 "법도 없고 본래 마음도 없어야, 비로소 마음과 마음이 법임을 안다."[386]라고 하였다.

법이라면 법이 아니니, 법은 법에 접촉하는 것이 아니다.

법도 없고 법 아닌 것도 없으니, 이 때문에 마음과 마음이 법이다.

是你出頭總道: "解禪." 闇着口便病發. 不說本祇說末, 不說迷祇說悟, 不說體祇說用, 總無你話論處. 他一切法, 且本不有, 今亦不無. 緣起不有, 緣滅不無. 本亦不有, 本非本故. 心亦不心, 心非心故. 相亦非相, 相非相故. 所以道: "無法無本心, 始解心心法." 法卽非法, 法非卽法, 無法無非法, 故是心心法.

문득 한 생각을 일으키면 환상과 같음을 밝게 안다.

생각이 과거불로 흘러들어가도 과거불은 있지 않고,[387] 미래불은 없지 않으나 또한 미래불이라 여기지도[388] 못한다.

현재는 순간순간 머물지 않으니 현재불이라 여기지 못한다.

---

386) 제6조 미차가(彌遮迦)가 제7조 바수밀(婆須蜜)에게 준 다음 게송 가운데 뒤 2구이다. "마음이 없으니 얻을 것도 없고,/ 말은 하지만 법이라 일컫지는 않는다./ 만약 마음이 마음이 아님을 깨닫는다면,/ 비로소 마음이니 마음이니 하는 법을 알리라."(無心無可得, 說得不名法. 若了心非心, 始解心心法.)(『경덕전등록』 제1권 '제6조 미차가')

부처가 일어날 때라면, 그가 깨달았는지 미혹한지 혹은 선한지 악한지를 헤아리지 않고 곧장 그에게 집착하지도 않고 그를 단절하지도 않는다.

마치 한 생각이 문득 일어나면, 천 겹 관문의 자물쇠로도 잠글 수 없고 만 길의 포승줄로도 그것을 묶어 두지 못하는 것과 같다.

이미 이와 같다면, 어찌 곧장 그것을 버리거나 그것에 머물려고 하랴?

분명히 그대들에게 말한다.

이염식(爾燄識)[389]을 그대들이 어떻게 끊으려 하는가?

마치 아지랑이[390]와 같아서, 그대는 아지랑이가 가까이 있다고 말하지만 온 우주 어디에서도 찾을 수 없고, 그대는 드디어 멀다고 말하지만 볼 때는 단지 눈앞에 있고, 그대가 아지랑이를 좇아가려 하면 그것은 더욱더 멀어지고, 그대가 그것에서 비로소 벗어났다고 하면 그것은 다시 그대를 쫓아오니, 취할 수도 없고 버릴 수도 없다.

이미 이와 같다면, 모든 법의 자성이 본래 그러함을 알게 되니

---

387) 차불(且不) : 전혀 –하지 않다.
388) 환작(喚作) : –라 여기다. –라 부르다. =환주(喚做).
389) 이염식(爾燄識) : 알려지는 대상으로서의 식(識). 이염(爾燄)은 jñeya의 음역으로서 소지(所知)·경계(境界)·지모(智母)·지경(智境)이라 번역하는데, 알려지는 것, 인식을 형성하는 대상을 가리킨다.
390) 양염(陽燄) : 아지랑이. =양염(陽炎), 양염(陽焰).

곧장 그것을 염려할 필요도 없고 그것을 생각할 필요도 없다.

忽然瞥起一念, 了知如幻如化. 卽流入過去佛, 過去佛且不有, 未來佛且不無, 又且不喚作未來佛. 現在念念不住, 不喚作現在佛. 佛若起時, 卽不擬他是覺是迷, 是善是惡, 輒不得執滯他斷絕他. 如一念瞥起, 千重關鎖鎖不得, 萬丈繩索索他不住. 旣若如是, 爭合便擬滅他止他? 分明向你道. 爾燄識, 你作麼生擬斷他? 喩如陽燄, 你道近, 十方世界求不可得, 始道遠, 看時祇在目前, 你擬趁他, 他又轉遠去, 你始避他, 他又來逐你, 取又不得, 捨又不得. 旣若如此, 故知一切法性自爾, 卽不用愁他慮他.

만약[391] 앞순간은 범부요 뒷순간은 성인이어서 마치 손을 뒤집는 것과 같다고 한다면, 이것은 삼승(三乘)의 가르침 가운데 가장 지극한 것이다.
우리 선종(禪宗)에 의하면, 앞순간이 범부가 아니고 뒷순간이 성인이 아니며, 앞순간이 부처가 아니고 뒷순간이 중생이 아니다.
그러므로 모든 색깔은 부처의 색깔이며, 모든 소리는 부처의 소리이며, 하나의 이치를 말하면[392] 모든 이치가 전부 그러하며, 하나의 사실을 보면 모든 사실을 보며, 하나의 마음을 보면 모든 마

---

391) 여(如) : 만약.
392) 거착(擧着) : 말하다. 거(擧)와 같음. 착(着)은 동사 뒤에 붙어서 완료나 조건을 나타내는 조사.

음을 보며, 하나의 도(道)를 보면 모든 도를 보아서 모든 곳이 도 아님이 없으며, 하나의 경계를 보면 온 우주의 산하대지가 전부 그러하며, 한 방울의 물을 보면 온 우주의 모든 법성(法性)의 물을 보며, 다시 모든 법을 보는 것이 곧 모든 마음을 보는 것이다.

모든 법은 본래 공(空)이나 마음이라면 없지가 않으니, 없지 않으면 묘하게 있는 것이다.

있는 것이 또한 있는 것이 아니고, 있지 않은 것이 곧 있는 것이니, 참된 공(空)이면서도 묘하게 있는 것이다.

이미 이와 같다면, 온 우주가 나의 한 개 마음에서 벗어나지 않고, 헤아릴 수 없이 많은 국토가 나의 한 생각에서 벗어나지 않는다.

如言前念是凡, 後念是聖, 如手翻覆一般, 此是三乘敎之極也. 據我禪宗中, 前念且不是凡, 後念且不是聖, 前念不是佛, 後念不是衆生. 所以一切色是佛色, 一切聲是佛聲, 擧着一理, 一切理皆然, 見一事, 見一切事, 見一心, 見一切心, 見一道, 見一切道, 一切處無不是道, 見一塵, 十方世界山河大地皆然, 見一滴水, 卽見十方世界一切性水, 又見一切法, 卽見一切心, 一切法本空, 心卽不無, 不無卽妙有. 有亦不有, 不有卽有, 卽眞空妙有. 旣若如是, 十方世界, 不出我之一心, 一切微塵國土, 不出我之一念.

만약 그렇다면, 무슨 안과 바깥을 말하는가?

마치 꿀의 본성은 단맛이니 모든 꿀이 전부 그러하여 이 꿀은

달고 나머지는 쓰다고 말할 수 없는 것과 같으니, 어디에 이런[393] 일이 있겠는가?

그러므로 말한다. "허공에는 안팎이 없는데, 법의 본성이 본래 그렇다. 허공에는 중간이 없는데, 법의 본성이 그렇다."[394]

따라서 중생이 곧 부처이고 부처가 곧 중생이어서, 중생과 부처가 원래 같은 하나의 몸이다.

생사윤회와 열반, 유위(有爲)와 무위(無爲)가 원래 같은 하나의 몸이다.

세간과 출세간, 나아가 육도사생(六道四生)[395]과 산하대지(山河大地)와 유성(有性)과 무성(無性)[396]이 역시 같은 하나의 몸이다.

---

393) 여마(與麼) : 임마(恁麼)라고도 쓴다. 문어(文語)의 여시(如是), 여차(如此)와 같은 뜻이다.
394) 황벽 자신의 말은 아니고 인용한 말 같은데, 누구의 말인지 알 수 없다.
395) 육도사생(六道四生) : 육도(六道)는 중생의 업인(業因)에 따라 윤회하는 길을 6으로 나눈 것으로 지옥도(地獄道)·아귀도(餓鬼道)·축생도(畜生道)·아수라도(阿修羅道)·인간도(人間道)·천상도(天上道). 사생(四生)은 육도(六道)에 살고 있는 모든 중생을 가리키는데, 태어나는 방식에 따라 넷으로 나뉘므로 사생이라 한다. 모태에서 태어나는 태생(胎生), 알에서 태어나는 난생(卵生), 습기 가운데서 태어나는 습생(濕生), 과거의 자신의 업(業)에 의해 태어나는 존재인 화생(化生)이 그것이다. 인간과 짐승은 태생이고, 천인(天人)과 지옥(地獄)의 중생은 화생이다.
396) 유성무성(有性無性) : 성문(聲聞), 연각(緣覺), 보살(菩薩)처럼 해탈할 불성(佛性)을 가진 중생을 유성(有性)이라 하고, 해탈할 불성을 가지고 있지 않은 것을 무성(無性)이라 한다.

같다고 말하는 것은, 이름과 모양도 공(空)이고, 있음도 공(空)이고, 없음도 공(空)이고, 온 우주의 모든 세계가 원래 하나의 공(空)이라는 것이다.

이미 만약 이와 같으면, 어디에서 부처가 중생을 제도하며, 어디에서 중생이 부처의 제도를 받는가?

무슨 까닭에 이와 같은가? 만법의 본성(本性)이 스스로 그러하기 때문이다.

若然, 說什麽內之與外? 如蜜性甛, 一切蜜皆然, 不可道這箇蜜甛餘底苦也. 何處有與麽事? 所以道: "虛空無內外, 法性自爾. 虛空無中間, 法性自爾." 故衆生卽佛, 佛卽衆生, 衆生與佛, 元同一體. 生死涅槃, 有爲無爲, 元同一體. 世間出世間, 乃至六道四生, 山河大地, 有性無性, 亦同一體. 言同者, 名相亦空, 有亦空, 無亦空, 盡恒沙世界, 元是一空. 旣若如此, 何處有佛度衆生? 何處有衆生受佛度? 何故如此? 萬法之性自爾故.

만약 자연(自然)이라는 견해를 짓는다면 자연외도(自然外道)에 떨어지고, 만약 무아(無我)가 되어 무아(無我)라는 견해를 짓는다면 삼현십성(三賢十聖)[397]의 지위 속에 떨어진다.

---

397) 삼현십성(三賢十聖) : 대승에서 깨달음의 단계에 의하여 현인(賢人)과 성인(聖人)을 구분하는 것. 삼현(三賢)은 십주(十住), 십행(十行), 십회향(十廻向)의 보살을 가리키고, 십성(十聖)은 십지(十地)의 보살을 가리킴. 일반적으로 고위(高位)의 보살을 가리키는 말.

그대는 지금 어떻게 한 자 한 치를 가지고 곧 허공을 재려고 하는가?

그가 분명히 그대에게 말하기를 "법과 법은 서로 이르지 못한다."[398]라고 하였는데, 법은 본래 공적(空寂)하기 때문에 지금 있는 자리에 스스로 머물고, 지금 있는 자리에서 스스로 진실하다.

몸이 공(空)이기 때문에 법(法)이 공이라 하고, 마음이 공이기 때문에 성(性)이 공이라 하고, 몸과 마음이 모두 공이기 때문에 법성(法性)이 공이라 한다.

나아가 일 천 가지의 다른 말들도 모두 그대의 본래 마음을 벗어나지 않는다.

지금 보리(菩提)·열반(涅槃)·진여(眞如)·불성(佛性)·이승(二乘)·보살(菩薩)을 말하는 것은 모두 나뭇잎을 가리켜 황금을 손에 쥐고 있다고 하는[399] 말이다.

만약 손을 펼 때는 하늘과 땅의 모든 중생이 전부 손바닥에 아무것도 없음을 볼 것이다.

그러므로 말했다. "본래 한 물건도 없는데, 어느 곳에 더러운 때가 있겠는가?"[400]

---

398) 어디에서 인용한 말인지 알 수 없다.
399) 울음을 멈추게 하는 방편(方便)의 말이라는 지제지설(止啼之說)을 가리킨다. 각주 157) 참조.
400) 『육조단경(六祖壇經)』 오법전의제일(悟法傳衣第一)에 나오는 혜능의 게송 구절. 돈황본(敦煌本) 『단경(壇經)』과 계숭(契嵩)이 편수(編修)한 『전법정종기(傳法正

若作自然見, 卽落自然外道, 若作無我無我所見, 墮在三賢十聖位中. 你如今云何將一尺一寸, 便擬量度虛空? 他分明向汝道: "法法不相到." 法自寂故, 當處自住, 當處自眞. 以身空故名法空, 以心空故名性空, 身心總空故名法性空. 乃至千途異說, 皆不離你之本心. 如今說菩提涅槃眞如佛性二乘菩薩者, 皆指葉爲黃金拳掌之說. 若也展手之時, 一切大衆若天若人, 皆見掌中都無一物. 所以道: "本來無一物, 何處有塵埃?"

본래 한 물건도 없다면, 과거 · 현재 · 미래[401]도 있는 것이 아니다.

그러므로 도를 배우는 사람은 머뭇거림 없이 곧장 들어가[402] 이 뜻을 보아야만 한다.[403]

그러므로 달마 대사는 인도에서 중국으로 건너와 여러 나라를 거쳐서 다만 혜가(慧可) 대사 한 사람을 찾아서 마음 도장을 비밀

> 宗記』에서는 여기에서처럼 "어느 곳에 더러운 때가 있겠는가?"(何處有塵埃?)라는 구절로 되어 있으나, 덕이본(德異本)『단경』에서는 "본래 한 물건도 없는데, 어느 곳에 더러운 때가 끼겠는가?"(本來無一物, 何處惹塵埃?)라고 되어 있고, 그 다음에 이런 주석이 붙어 있다 : "이는 황매산 조사(祖師)의 게(偈)에 의거하여 바로 잡은 것이다. '야(惹)' 자(字)는 어떤 경우에 '유(有)'라고 되어 있는데, 이는 잘못된 것이다."(此依黃梅山祖偈正作. 惹字或作有非.)

401) 삼제(三際) : 삼세(三世), 곧 과거, 현재, 미래를 가리킨다.
402) 단도직입(單刀直入) : 적진을 마주한 장군(將軍)이 앞뒤 살피지 않고 곧장 칼 한 자루만 빼들고 적진으로 달려들어 감. 생각, 분별, 말에 거리끼지 않고 실상(實相)으로 바로 들어가는 것을 가리킨다.
403) 시득(始得) : (문장 끝에 놓여서) 마땅히 –해야 한다.

리에 전했던 것이다.

그대의 본래 마음에 도장을 찍으니, 마음을 가지고 법에 도장을 찍는 것이고, 법을 가지고 마음에 도장을 찍는 것이다.

마음이 이미 이와 같다면, 법 역시 이와 같아서 진여(眞如)[404]와 같고, 법성(法性)과 동등(同等)하다.

법성은 공(空)이니 공 속에서, 누가 수기(授記)[405]하는 사람이며, 누가 성불(成佛)하는 사람이며, 누가 법을 얻는 사람이겠는가?

그가 분명 그대들에게 말했다. "보리(菩提)[406]는 몸을 가지고 얻을 수 없으니, 몸에는 모습이 없기 때문이다. 마음을 가지고 얻을 수도 없으니, 마음에는 모습이 없기 때문이다. 본성(本性)을 가지고 얻을 수도 없으니, 본성은 곧 본원자성(本源自性)[407]인 천진불(天眞佛)[401]이기 때문이다."

---

404) 진제(眞際) : 진실의 경지. 절대의 경지. 깨달음 자체. =진여(眞如).
405) 수기(授記) : 부처님이 불법에 귀의한 중생에게 어느 시기, 어느 국토에서 어떤 이름의 부처로 태어날 것이며, 그 수명은 얼마나 될 것이라는 것 등을 낱낱이 제시하면서, 미래세의 언젠가는 반드시 부처가 될 것이라고 알려 주는 것. 화가라(和伽羅), 화가라나(和伽羅那), 기별(記別), 수기설(授記說).
406) 보리(菩提) : bodhi. 도(道)·지(智)·각(覺)이라 번역. 불교 최고의 이상(理想)인 부처님의 정각(正覺)의 지혜. 곧 불과(佛果).
407) 본원자성(本源自性) : 본원(本源)인 자성(自性)이라는 뜻. 본원(本源)은 모든 중생이 본래부터 가지고 있는 깨끗한 마음. 모든 번뇌망상에 물들지 않는 본래 가지고 있는 중생의 불성(佛性)이 곧 중생의 자성(自性)이라는 말.
408) 천진불(天眞佛) : 법신불(法身佛)의 다른 이름. 법신은 천연의 진리이며, 우주의 본체이므로 천진불이라 함.

부처를 가지고 다시 부처를 얻을 수는 없고, 모습 없음을 가지고 다시 모습 없음을 얻을 수는 없고, 공(空)을 가지고 다시 공을 얻을 수는 없고, 도(道)를 가지고 다시 도를 얻을 수는 없다. 본래 얻을 것이 없고, 얻을 것 없음 역시 얻을 수 없다.

그 까닭에 말했다. "얻을 수 있는 하나의 법도 없다."[409]

本旣無物, 三際本無所有. 故學道人單刀直入, 須見這箇意始得. 故達摩大師從西天來至此土, 經多少國土, 祇覓得可大師一人, 密傳心印. 印你本心, 以心印法, 以法印心. 心旣如此, 法亦如此, 同眞際, 等法性. 法性空中, 誰是授記人? 誰是成佛人? 誰是得法人? 他分明向你道: "菩提者, 不可以身得, 身無相故. 不可以心得, 心無相故. 不可以性得, 性卽便是本源自性天眞佛故." 不可以佛更得佛, 不可以無相更得無相, 不可以空更得空, 不可以道更得道. 本無所得, 無得亦不可得. 所以道: "無一法可得."

다만 그대들로 하여금 본래 마음을 깨닫도록[410] 할 뿐이다.

---

409) 『금강경』에 "얻을 수 있는 조금의 법도 없으니, 이를 일러 위없이 바르고 평등한 깨달음이라고 한다."(無有少法可得, 是名阿耨多羅三藐三菩提.)라는 구절이 있다. 덕이본 『육조단경』에도 "세상 사람들의 묘한 본성은 본래 공(空)이어서, 얻을 수 있는 하나의 법도 없다."(世人妙性本空, 無有一法可得.) "자성에는 본래 얻을 수 있는 하나의 법도 없다."(自性本無一法可得.) "얻을 수 있는 하나의 법도 없으니, 비로소 만법을 건립할 수 있다."(無一法可得, 方能建立萬法.)는 등의 구절이 있다.

당장[411] 깨달을 때는 깨달았다는 생각을 해서는 안 되고,[412] 깨달음이 없다는 생각이나 깨달음이 없는 것도 아니라는 생각도 해서는 안 된다.[413]

이와 같은 법은 얻는 자는 곧 얻지만, 얻는 자가 스스로 느끼고 알지는 못하며, 얻지 못한 자도 역시 스스로 느끼고 알지는 못한다.

이와 같은 법을 예로부터 몇 사람이나 알았을까?

그러므로 말한다. "천하에서 자기를 잊은 자가 몇 사람이나 있을까?"

지금 하나의 동작, 하나의 경계, 하나의 경전, 하나의 가르침, 하나의 생애, 하나의 때, 하나의 이름, 하나의 글자를 육근(六根)의 문 앞에서 알아차린다면,[414] 나무로 만든 꼭두각시[415]와 무엇이 다르겠는가?

문득 한 사람이 나와서 이름과 모습 위에서 이해하지 않는다면, 나는 이 사람을 온 우주를 다 찾아도 이와 같은 사람은 찾을 수 없다고 말할 것이니, 두 번째 사람이 없기 때문이다.

---

410) 요취(了取) : 밝히다. 깨닫다. 취(取)는 동사 뒤에 붙는 어조사. 동작이 행해진 상태를 나타냄. 득(得), 착(着)과 같음. =요득(了得).

411) 당하(當下) : 즉각. 바로. 그 자리에서.

412) 부득(不得) : -해서는 안 된다.

413) 불가득(不可得) : -해선 안 된다. =불가(不可), 부득(不得).

414) 영득(領得) : 깨닫다. 이해하다. 납득하다. 알아차리다.

415) 기관목인(機關木人) : 관절이 움직이는 나무 인형. 나무로 만든 꼭두각시. 사람의 육체를 가리킨다.

祇教你了取本心. 當下了時, 不得了相, 無了無不了相, 亦不可得. 如此之法, 得者卽得, 得者不自覺知, 不得者亦不自覺知. 如此之法, 從上巳來, 有幾人得知? 所以道:"天下忘已者有幾人?" 如今於一機一境一經一教一世一時一名一字, 六根門前領得, 與機關木人何別? 忽有一人出來, 不於一名一相上作解者, 我說此人盡十方世界覓這箇人不可得, 以無第二人故.

조사(祖師)의 지위를 이어받으면 역시 불가(佛家)의 사람[416]이라고 하니, 뒤섞임이 없이 순수하기 때문이다.

"왕(王)이 성불(成佛)할 때는 왕자 역시 왕을 따라 출가한다."라고 말하는데, 이 뜻은 알기가 매우 어렵다.

다만 그대들이 찾지 말도록 할 뿐이니, 찾으면 곧 잃는다.

마치 어리석은 사람이 산 위에서 한 번 고함을 질러서 골짜기에서 메아리가 울려 나오면 곧장 산 아래로 달려 내려가 그 메아리를 찾으나 찾지 못하고, 다시 한 번 고함을 질러서 산 위에서 메아리가 응답하면 다시 산 위로 쫓아 올라가는 것과 같다.

이와 같이 영원한 세월 동안 다만 소리를 찾고 메아리를 좇는 사람은 허망하게 살다가 헛되이 죽을 것이다.

그대들이 소리를 지르지 않는다면, 메아리도 없을 것이다.

열반(涅槃)이란 들리는 것도 없고 아는 것도 없고 소리도 없고

---

416) 석종(釋種) : 석가(釋迦) 종족(種族). 석가족(釋迦族). 석존(釋尊)의 제자, 불제자(佛弟子)라는 뜻으로도 쓰임.

흔적이 사라진 것이다.

만약 이와 같이 된다면, 드디어[417] 조사(祖師)와 이웃이 될 것이다.

繼於祖位, 亦云釋種, 無雜純一故. 言:"王若成佛時, 王子亦隨出家." 此意大難知. 祇教你莫覓, 覓便失卻. 如癡人山上叫一聲, 響從谷出, 便走下山趁, 及尋覓不得, 又叫一聲, 山上響又應, 亦走上山上趁. 如是千生萬劫, 祇是尋聲逐響人, 虛生浪死漢. 汝若無聲卽無響. 涅槃者, 無聞無知無聲, 絕跡絕蹤. 若得如是, 稍與祖師鄰房也.

---

417) 초(稍) : ①매우(정도 부사). ②마침. 막. 바로. 하자마자(시간 부사). ③이미. 벌써(시간 부사). ④그 뒤. 얼마 후(시간 부사).

29. 양의 뿔

물었다.

"왕의 창고에는 이와 같은 칼이 전혀 없다[418]라고 하는데, 이 뜻을 가르쳐 주시기 바랍니다."

황벽이 말했다.

"왕의 창고란 곧 허공과 같은 본성을 말한다. 온 우주의 허공세계를 품을 수 있는 것은 모두 그대의 마음을 벗어나지 않으니, 또한 그것을 허공장보살(虛空藏菩薩)이라고도 한다. 그대가 만약 있기도 하고 없기도 하고 있는 것도 아니고 없는 것도 아니라고 말한다면, 전부 양의 뿔을 만드는 것이다. 양의 뿔이란 곧 그대가 구하고 찾는 것이다."

물었다.

"왕의 창고에 참된 칼이 있습니까?"

황벽이 말했다.

"이것 역시 양의 뿔이다."

물었다.

"만약 왕의 창고 속에 본래부터 참된 칼이 없다면, 무슨 까닭에 '왕자는 왕의 창고 속에 있는 참된 칼을 가지고 다른 나라로 갔다.'

---

418) 아고장중무여시도(我庫藏中無如是刀) : 생각이나 언어로 정할 수 있는 그러한 법(法)은 없다는 말. 즉, 법은 분별과 언어로 정할 수 없다는 말. 각주 114) 참조.

고 했습니까? 어찌하여 오로지 없다고만 하십니까?"

황벽이 말했다.

"칼을 가지고 나갔다고 하는 이것은 여래의 심부름꾼을 비유한 것이다. 그대가 만약 '왕자가 왕의 창고에서 참된 칼을 가지고 나갔다.'고 한다면, 창고 속은 마땅히 비어야 할 것이다. 그러나 본래 근원인 허공과 같은 본성은 다른 사람이 가지고 갈 수 있는 것이 아니다. 무슨 말인가? 만약[419] 그대에게 무엇이 있다고 한다면, 모두 양의 뿔이라고 일컫는다."

問:"如王庫藏內都無如是刀, 伏願誨示."師云:"王庫藏者, 卽虛空性也. 能攝十方虛空世界, 皆總不出你心, 亦謂之虛空藏菩薩. 你若道是有是無非有非無, 總成羊角. 羊角者, 卽你求覓者也."問:"王庫藏中有眞刀否?"師云:"此亦是羊角."云:"若王庫藏中本無眞刀, 何故云王子持王庫中眞刀出至異國? 何獨言無?"師云:"持刀出者, 此喻如來使者. 你若言王子持王庫中眞刀出去者, 庫中應空去也. 本源虛空性, 不可被異人將去. 是什麼語? 設你有者, 皆名羊角."

---

419) 설(設) : ①만약, 만일. ②설령 -라 하더라도. 설사 -일지라도.

30. 가섭

물었다.

"가섭(迦葉)은 부처님의 마음도장을 받았으니, 말을 전하는 사람이 된 것입니까?"

황벽이 말했다.

"그렇다."

물었다.

"만약 말을 전하는 사람이라면, 양의 뿔을 얻은 것에서 벗어나지 못한 것이 아닙니까?"

황벽이 말했다.

"가섭은 스스로 본래 마음을 깨달았다.[420] 그러므로 양의 뿔이 아니다. 만약 여래의 마음을 깨닫는다면, 여래의 뜻을 본다. 여래의 몸의 모습을 보는 자는 곧 여래의 심부름꾼에 속하고 말을 전하는 사람이 된다. 그 까닭에 아난(阿難)은 여래의 시자(侍者)를 20년 동안이나 했으면서도 다만 여래의 몸의 모습만 보았기 때문에 부처님이 이렇게 꾸중한 것이다. '다만 세상를 구제하는 것만 보는 자는 양의 뿔을 얻는 것에서 벗어날 수 없다.'"

問: "迦葉受佛心印, 得爲傳語人否?" 師云: "是." 云: "若是傳語人, 應

---

420) 영득(領得) : 깨닫다. 이해하다. 납득하다.

不離得羊角." 師云: "迦葉自領得本心. 所以不是羊角. 若以領得如來心, 見如來意. 見如來色相者, 卽屬如來使, 爲傳語人. 所以阿難爲侍者二十年, 但見如來色相, 所以被佛訶云: '唯觀救世者, 不能離得羊角.'"

31. 문수의 칼

물었다.

"문수(文殊)가 세존 앞에서 칼을 빼 든[414] 것은 어떻습니까?"

---

421) 『오등회원』 제1권 '석가모니불(釋迦牟尼佛)'에 나오는 내용으로서 앞뒤 이야기는 다음과 같다 : 옛날 세존(世尊)께서 영산회상(靈山會上)에서 법을 말씀하실 때 오백 비구가 있었는데, 사선정(四禪定)을 얻고 오신통(五神通)을 갖추었으나, 아직 법인(法忍)을 얻지 못하였다. 이들은 숙명통(宿命通)으로 각자 과거세(過去世)에 지은 부모를 죽이는 등 기타 여러 가지 무거운 죄를 보고서, 각자 자기 마음속에 의심을 품고 있었으니, 깊고 깊은 법을 깨달을 수 없었다. 그때 문수(文殊)가 대중의 의심과 두려움을 알고서, 부처님의 위신력(威神力)을 빌려, 손에 날카로운 칼을 쥐고, 여래(如來)를 몰아붙였다. 세존이 이에 문수에게 말했다. "멈추어라, 멈추어라. 역죄(逆罪)를 지어서는 안 된다. 나에게 해를 끼쳐서는 안 된다. 내가 반드시 해를 입는다면, 착하기 때문에 해를 입는 것이다. 문수사리여! 그대는 본래부터 나와 남이 없었는데, 단지 속마음으로 나와 남을 보고 있으니, 속마음이 일어날 때는 나는 반드시 해를 입을 것이다. 이것을 일러 해를 끼친다고 한다." 이에 오백 비구는 스스로 본래 마음은 꿈과 같고 환상과 같으며, 꿈과 환상 속에는 나와 남이 없고, 나아가 부모도 자식도 없음을 깨달았다. 이에 오백 비구는 한결같은 목소리로 문수를 찬탄하는 게송을 읊었다. "문수 큰 지혜를 가진 보살이여!/ 법의 밑바닥까지 깊이 통달하셨구나./ 스스로 손에 날카로운 칼을 쥐고서/ 여래(如來)의 몸을 위협하였네./ 칼과 마찬가지로 부처님 역시 그러하셔서/ 하나의 모습일 뿐 둘이 없다네./ 모습도 없고 생겨남도 없으니/ 이 속에서 어떻게 죽이겠는가?"(昔世尊在靈山會上說法, 有五百比丘得四禪定, 具五神通, 未得法忍. 以宿命智通, 各各自見過去世時殺父害母及諸重罪, 於自心內各各懷疑, 於甚深法不能證入. 是時文殊知眾疑怖, 承佛神力, 遂手握利劍, 持逼如來. 世尊乃謂文殊曰: "住! 住! 不應作逆, 勿得害吾. 吾必被害, 爲善被害. 文殊師利! 爾從本已來, 無有我人, 但以內心見有我人, 內心起時, 我必被害. 即名爲害." 於是五百比丘自悟本心如夢如幻, 於夢幻中無有我人

완릉록 **215**

황벽이 말했다.

"오백의 보살들이 숙명통(宿命通)을 얻고서 과거생(過去生)의 업장(業障)을 보았는데, 오백이란 곧 그대가 자신으로 여기는 오온(五蘊)⁴²²)이다. 숙명통을 가지고 업장을 보았기 때문에 부처를 구하고 보살의 열반을 구한 것이다. 그러므로 문수는 지혜의 칼을 가지고 이러한 견해를 가진 부처의 마음을 해치려고 하였던 것이다. 그러므로 그대에게 잘 해친다고 말하는 것이다."

물었다.

"어떤 것이 칼입니까?"

황벽이 말했다.

"해탈한 마음이 칼이다."

물었다.

"해탈한 마음이 이미 칼이어서 이렇게 견해를 가진 부처의 마음을 끊는군요. 그런데⁴²³) 견해를 끊을 수 있는 마음은 어떻게 없앨 수 있습니까?"

乃至能生所生父母. 於是五百比丘同聲說偈讚文殊日:"文殊大智士!/ 深達法源底./ 自手握利劍, 持逼如來身./ 如劍佛亦爾, 一相無有二./ 無相無所生, 是中云何殺?"』『선문염송(禪門拈頌)』제31칙의 염송설화(拈頌說話)에서는 이 이야기가 『보적경(寶積經)』에 나오는 문구라고 말했다.

422) 오음(五陰) : 범어 pañca-skandha. 오온(五蘊)이라고도 한다. 색온(色蘊), 수온(受蘊), 상온(想蘊), 행온(行蘊), 식온(識蘊)의 총칭임.

423) 지여(秖如) : =지우(至于), 약부(若夫), 지여(只如). ①-에 대하여는. -과 같은 것은. ②예컨대. ③그런데.

황벽이 말했다.

"그대의 분별 없는 지혜를 가지고 이렇게 견해를 가진 분별심을 끊는다."

물었다.

"견해를 가진 구함이 있는 부처의 마음 같은 것을 분별 없는 지혜의 칼을 가지고 끊는다면, 지혜를 가진 칼이 있는 것은 어찌하겠습니까?"[424]

황벽이 말했다.

"만약 분별이 없는 지혜가 분별 있음을 해쳐서 분별이 없다면, 분별 없는 지혜 역시 얻을 수 없다."

물었다.

"지혜를 가지고 다시 지혜를 끊을 수 없고, 칼을 가지고 다시 칼을 끊을 수 없습니다."

황벽이 말했다.

"칼이 칼을 스스로 해치고, 칼과 칼이 서로 해친다면, 칼 역시 얻을 수 없다. 지혜가 스스로 지혜를 해치고, 지혜와 지혜가 서로 해친다면, 지혜 역시 얻을 수 없다. 어머니와 아들이 함께 죽는 것도 이와 같다."

---

424) 쟁내(爭奈) −하(何) : −를 어찌하리오? −인 것을 어떻게 하겠는가? =쟁내(爭奈), =쟁내(爭乃) −하(何).

問: "文殊執劍於瞿曇前者如何?" 師云: "五百菩薩得宿命智, 見過去生業障, 五百者卽你五陰身是. 以見此夙命障故, 求佛求菩薩涅槃. 所以文殊將智解劍, 害此有見佛心故. 故言你善害." 云: "何者是劍?" 師云: "解心是劍." 云: "解心旣是劍, 斷此有見佛心. 祇如能斷見心, 何能除得?" 師云: "還將你無分別智, 斷此有見分別心." 云: "如作有見有求佛心, 將無分別智劍斷, 爭奈有智劍在何?" 師云: "若無分別智, 害有見無見, 無分別智亦不可得." 云: "不可以智更斷智, 不可以劍更斷劍." 師云: "劍自害劍, 劍劍相害, 卽劍亦不可得. 智自害智, 智智相害, 卽智亦不可得. 母子俱喪, 亦復如是."

32. 견성

물었다.

"어떤 것이 본성을 보는 견성(見性)입니까?"

황벽이 말했다.

"본성이 곧 보는 것이고, 보는 것이 곧 본성이니, 본성을 가지고 다시 본성을 볼 수는 없다.

듣는 것이 곧 본성이니, 본성을 가지고 본성을 들을 수는 없다.

다만 그대가 본성이라는 견해를 만들어 본성을 들을 수도 있고 볼 수도 있다고 한다면, 곧 한 개의 다른 법이 생기게 된다.

그가 분명히 말했다. '볼 수 있는 것을 다시 볼 수는 없다.'[425]

그대는 어찌하여 머리 위에 다시 머리를 붙이려 하는가?

그가 분명히 말했다. '마치 쟁반 속에서 구슬을 흩어 놓으면, 큰 것은 크게 둥글고 작은 것은 작게 둥글어 각각 서로 알지 못하고 각각 서로 부딪히지 않는 것과 같다.'[426]

---

425) 『유마힐소설경(維摩詰所說經)』 중권(中卷) 「문수사리문질품(文殊師利問疾品) 제5」에 나오는 문수사리의 말 가운데 한 구절. 전체 문맥은 다음과 같다. "그렇습니다, 거사시여. 만약 이미 왔다면 다시 오지 않고, 만약 이미 갔다면 다시 가지 않습니다. 까닭이 무엇일까요? 온 것은 온 곳이 없고, 간 것은 갈 곳이 없고, 볼 수 있는 것을 다시 볼 수는 없기 때문입니다."(如是, 居士. 若來已更不來, 若去已更不去. 所以者何? 來者無所從來, 去者無所至, 所可見者更不可見.)

426) 출처를 알 수 없다.

일어날 때는 내가 일어난다고 말하지 않고, 사라질 때는 내가 사라진다고 말하지 않는다.

그러므로 사생육도(四生六道)의 중생들이 이와 같지 않은 때가 없다.

중생은 부처를 보지 않고 부처는 중생을 보지 않으며, 사과(四果)[427]는 사향(四向)[428]을 보지 않고 사향은 사과를 보지 않으며, 삼현십성(三賢十聖)[429]은 등각묘각(等覺妙覺)[430]을 보지 않고 등각묘각은 삼현십성을 보지 않는다.

나아가 물은 불을 보지 않고 불은 물을 보지 않으며, 땅은 바람을 보지 않고 바람은 땅을 보지 않는다.

---

427) 사과(四果) : 소승(小乘) 증과(證果)의 4계위(階位). 과(果)는 무루지(無漏智)가 생기는 지위. 수다원과·사다함과·아나함과·아라한과.

428) 사향(四向) : 성문(聲聞)의 성자가 수행하는 네 단계의 과정을 뜻하는데, 그 결과 얻은 것을 사과(四果)라 한다. 사향은 수다원(須陀洹; 預流)향·사다함(斯陀含; 一來)향·아나함(阿那含; 不還)향·아라한(阿羅漢)향(無學道)인데, 사도(四道)라고도 한다. 이 네 단계의 수행도에 의해서 수다원과(예류과)·사다함과(일래과)·아나함과(불화과)·아라한과(무학과) 등의 사과가 얻어진다.

429) 삼현십성(三賢十聖) : 대승에서 깨달음의 단계에 의하여 현인(賢人)과 성인(聖人)을 구분하는 것. 삼현(三賢)은 십주(十住), 십행(十行), 십회향(十廻向)의 보살을 가리키고, 십성(十聖)은 십지(十地)의 보살을 가리킴. 일반적으로 고위(高位)의 보살을 가리키는 말.

430) 등각묘각(等覺妙覺) : 보살수행의 52계위 가운데서 51위와 52위를 가리킨다. 등각(等覺)은 십지(十地) 법운지(法雲地) 위에 있으며, 묘각(妙覺)은 온갖 번뇌를 끊어 버린 부처님의 자리인 불과(佛果)를 말한다. 등각위(等覺位)에 있는 보살이 다시 1품의 무명을 끊고 묘각위에 들어간다.

중생은 법계에 들어가지 않고, 부처는 법계에서 나오지 않는다. 그러므로 법의 본성에는 오고 감이 없고, 주관과 객관이 없다.

이와 같을 수 있다면, 무슨 까닭에 내가 보고 내가 듣는다고 말하겠는가?

선지식이 있는 곳에서 계합(契合)하여 깨달으면, 선지식은 나에게 법을 말하고, 모든 부처는 세상에 나타나 중생에게 법을 말한다.

가전연(迦旃延)은 다만 생멸심(生滅心)을 가지고 실상법(實相法)을 전했기 때문에 유마힐에게 꾸중을 들은 것이다.[431]

분명히 말한다. '모든 법은 본래 얽매임이 없는데, 어찌 그것을

---

431) 유마경(維摩經)』에 나오는 이야기. 현장이 번역한 『설무구칭경(說無垢稱經)』 「제3 성문품(聲聞品)」에서 그 내용을 살펴본다 : 그때 세존께서 저 마하가다연나(摩訶迦多衍那; 가전연(迦旃延))에게 말씀하셨다. "그대가 유마힐을 찾아가 병문안을 하도록 하여라." 가다연나(迦多衍那)가 세존께 아뢰었다. "세존이시여, 저는 감히 그를 찾아가 문병할 수 없습니다. 왜 그런가 하면, 저는 옛날 한때의 일이 기억납니다. 부처님께서 비구들에게 법을 간략히 설명하시고 나서 곧 고요히 머무시었습니다. 저는 그 뒤에 경전(經典)의 구절 뜻을 분별하고 결택(決擇)하여서, 무상(無常)의 뜻과 고(苦)의 뜻과 공(空)의 뜻과 무아(無我)의 뜻과 적멸(寂滅)의 뜻을 말하였습니다. 그때 유마힐이 그곳으로 와서 저의 발에 머리를 대고 절을 하고서 이렇게 말했습니다. '이보세요, 대존자 가다연나시여. 생멸(生滅)하는 분별심(分別心)을 행하여 법의 실상(實相)을 말하지 마십시오. 까닭이 무엇일까요? 모든 법은 결코 이미 생긴 것도 아니고, 지금 생기는 것도 아니고, 앞으로 생길 것도 아니고, 이미 사라진 것도 아니고, 지금 사라지는 것도 아니고, 앞으로 사라질 것도 아니니, 이것이 곧 무상(無常)의 뜻입니다. 오온(五蘊)의 자성(自性)은 결국 공(空)이어서 발생할 이유가 없음을 밝게 아는 것이

풀 필요가 있으랴? 본래 오염되지 않는데, 어찌 그것을 깨끗이 할 필요가 있으랴?'

그러므로 말했다. '실상(實相)이 이와 같은데, 어찌 말할 수 있으랴?'

그대들이 다만 지금 옳으니 그르니 하는 마음을 내고, 더러우니 깨끗하니 하는 마음을 내어서, 하나의 알음알이와 하나의 이해를 배워서 천하를 돌아다니며 사람을 만나면 곧 '누구에게 마음의 눈이 있는지?' '누가 강하고 누가 약한지?'를 판별하려고[432] 한다.

고(苦)의 뜻입니다. 모든 법은 결국 있는 것이 아님이 곧 공(空)의 뜻입니다. 아(我)와 무아(無我)가 둘이 아님을 아는 것이 곧 무아(無我)의 뜻입니다. 자성(自性)도 없고 타성(他性)도 없으며, 본래 세차게 타오른 적이 없었고 지금 식어서 사라지는 것이 아니니, 적정(寂靜)이랄 것도 없는 것이 마지막 적정이고 궁극적 적정이니, 이것이 곧 적정의 뜻입니다.' 이러한 법을 말했을 때, 그곳의 모든 비구들의 모든 번뇌가 영원히 사라지고 마음은 해탈을 얻었습니다. 세존이시여, 그때 저는 할 말이 없어서 묵묵히 있었습니다. 그러므로 저는 그를 찾아가 병문안을 할 수 없습니다."(爾時世尊告彼摩訶迦多衍那: "汝應往詣無垢稱所問安其疾." 迦多衍那白言: "世尊, 我不堪任詣彼問疾. 所以者何? 憶念我昔於一時間. 佛爲苾芻略說法已便入靜住. 我卽於後分別決擇契經句義, 謂無常義苦義空義無我義寂滅義. 時無垢稱來到彼所, 稽首我足而作是言: '唯, 大尊者, 迦多衍那. 無以生滅分別心行, 說實相法. 所以者何? 諸法畢竟, 非已生非今生非當生, 非已滅非今滅非當滅義, 是無常義. 洞達五蘊畢竟性空無所由起, 是苦義. 諸法究竟無所有, 是空義. 知我無我無有二, 是無我義. 無有自性亦無他性, 本無熾然今無息滅, 無有寂靜, 畢竟寂靜, 究竟寂靜, 是寂滅義.' 說是法時, 彼諸苾芻諸漏永盡心得解脫. 時我世尊黙然無辯. 故我不任詣彼問疾.")

432) 정당(定當): 판별하다, 판단하다. 취(取)는 동사 뒤에 붙는 어조사로서 득(得), 착(着)처럼 동작이 행해진 상태를 나타냄.

만약 이와 같다면 하늘과 땅만큼 차이가 벌어지는데, 다시 무슨 견성(見性)을 말하는가?"

問: "如何是見性?" 師云: "性卽是見, 見卽是性, 不可以性更見性. 聞卽是性, 不可以性更聞性. 祇你作性見能聞能見性, 便有一異法生. 他分明道: '所可見者, 不可更見.' 你云何頭上更着頭? 他分明道: '如盤中散珠, 大者大圓, 小者小圓, 各各不相知, 各各不相礙.' 起時不言我起, 滅時不言我滅. 所以四生六道, 未有不如時. 且衆生不見佛, 佛不見衆生, 四果不見四向, 四向不見四果, 三賢十聖不見等妙二覺, 等妙二覺不見三賢十聖. 乃至水不見火, 火不見水, 地不見風, 風不見地. 衆生不入法界, 佛不出法界. 所以法性無去來, 無能所見. 能如此, 因什麽道我見我聞? 於善知識處得契悟, 善知識與我說法, 諸佛出世與衆生說法. 迦旃延祇爲以生滅心傳實相法, 被淨名呵責. 分明道: '一切法本來無縛, 何用解他? 本來不染, 何用淨他?' 故云: '實相如是, 豈可說乎?' 汝今祇成是非心, 染淨心, 學得一知一解, 遶天下行, 見人便擬定當取, 誰有心眼? 誰彊誰弱? 若也如此, 天地懸殊, 更說什麽見性?"

33. 본성

물었다.

"본성이 곧 보는 것이고 보는 것이 곧 본성이라고 말한다면, 본성에는 본래 장애가 없고 끝이 없다[433]는 것과 같을 뿐인데, 어떻게 사물을 가로막으면 보지 못합니까? 또 허공 속에서 가까우면 보이고 멀어지면 보이지 않는 것은 왜 그렇습니까?"

황벽이 말했다.

"이것은 그대가 헛되이 다른 견해를 낸 것이다.

만약 사물을 가로막아서 보지 못하고 보인다고 할 사물이 없다고 한다면, 곧 본성에 가로막히는 장애가 있다는 말과는 전혀 관계가 없다.

본성은 보이는 것도 아니고 보이지 않는 것도 아니며, 법도 보이는 것도 아니고 보이지 않는 것도 아니다.

만약 본성을 본 사람이라면, 어느 곳이 나의 본성이 아니겠느냐?

그러므로 육도(六道)의 사생(四生)과 산하대지(山河大地)가 모두 나의 본성의 깨끗하고 밝은 바탕이다.

따라서 '색(色)을 보는 것은 곧 마음을 보는 것이다.'[434]라고 하였

---

433) 제한(齊限) : 한계에 도달하여 멈추다.
434) 『설봉어록(雪峰語錄)』하권(下卷)에는 이 구절을 위산(潙山)의 말이라고 인용하

으니, 색과 마음이 다르지 않기 때문이다.

단지 모습을 취하여 보고·듣고·느끼고·알기 때문에 앞의 사물을 물리치고 비로소 보려고 한다면, 이승(二乘) 사람 속의 의통(依通)[435]이라는 견해에 떨어진다.

허공 속에서 가까우면 보이고 멀면 보이지 않는다면, 이것은 곧 외도(外道) 속에 포함된다.

분명히 말한다. '안도 아니고 밖도 아니며, 가깝지도 않고 멀지도 않다.'

가까워도 볼 수 없는 것이 만물의 본성이다.

가까워도 볼 수가 없는데, 다시 멀어서 볼 수 없다고 한다면 무슨 뜻이 있겠는가?"

問:"旣言性卽見, 見卽性, 祇如性自無障礙, 無劑限, 云何隔物卽不見? 又於虛空中, 近卽見, 遠卽不見者, 如何?"師云:"此是你妄生異見. 若言隔物不見, 無物言見, 便謂性有隔礙者, 全無交涉. 性且非見非不見, 法亦非見非不見. 若見性人, 何處不是我之本性? 所以六道四生山河大地, 總是我之性淨明體. 故云:'見色便見心.'色心不異故. 祇爲取相作見聞覺知, 去卻前物始擬得見者, 卽墮二乘人中依通見解也. 虛空中近則見, 遠則不見,

---

고 있다.
435) 의통(依通) : 신통력(神通力)의 일종. 약품이나 주술의 힘을 빌려서 나타내는 신통.

此是外道中收. 分明道: '非內亦非外, 非近亦非遠.' 近而不可見者, 萬物之性也. 近尚不可見, 更道遠而不可見, 有什麼意旨?"

34. 한 물건도 없다

물었다.

"저는 알지 못하겠습니다. 스님께선 어떻게 가리켜 주십니까?"

황벽이 말했다.

"나에게는 한 물건도 없다.

여태까지 남에게 아무것도 준 적이 없다.

그대는 애초부터 다만 남의 지시에 의하여 계합(契合)을 찾고 깨달음을 찾았으니, 이것은 제자와 스승이 함께 큰 어려움[436]에 빠진 것이 어찌 아니겠는가?[437]

그대가 다만 한 순간 느끼지 않을 줄만 알면 느끼는 몸[438]이 없을 것이고, 한 순간 생각하지 않을 줄만 알면 생각하는 몸[439]이 없을 것이고, 일부러 변화시키고 조작하지 않는다면 행동하는 몸[440]은 없을 것이고, 헤아리거나 분별하지 않는다면 의식(意識)의 몸[441]은 없을 것이다.

---

436) 왕난(王難) : 큰 어려움. 왕(王)은 대(大)와 같음.
437) 가불시(可不是) : 어찌 -가 아니겠는가? 어찌 -가 아니랴? 가(可)는 기(豈)와 같은 의문사(疑問詞).
438) 수신(受身) : 오온(五蘊) 가운데 수온(受蘊) 즉 느낌을 가리킴.
439) 상신(想身) : 오온 가운데 상온(想蘊) 즉 생각을 가리킴.
440) 행신(行身) : 오온 가운데 행온(行蘊) 즉 일부러 유위(有爲)로 조작하고 변화하는 것. 변화 즉 천류(遷流)와 유위의 행인 조작(造作)은 행온(行蘊)의 특징이다.
441) 식신(識身) : 오온 가운데 식온(識蘊) 즉 분별하는 의식. 외계(外界)에 대하여 사

그대가 지금 따로 한 생각을 일으키기만 하면[442] 십이인연(十二因緣)[443]에 들어가서, 무명(無明) 때문에 행(行)이 있으니 원인도 있고 결과도 있으며, 나아가 노사(老死)에 이르니 원인도 있고 결과도 있게 된다.

그러므로 선재동자(善財童子)[444]가 110곳에서 선지식을 구한 것

물의 총상(總相)을 식별(識別)하는 마음의 본체. 곧 안식(眼識)·이식(耳識)·비식(鼻識)·설식(舌識)·신식(身識)·의식(意識)을 통틀어 식온이라 함.

442) 재(纔) : -하기만 하면.
443) 십이인연(十二因緣) : 또는 십이연기(十二緣起)·십이유지(十二有支)·십이지(十二支)·십이인생(十二因生)·십이연문(十二緣門)·십이견련(十二牽連)·십이극원(十二棘園)·십이중성(十二重城)·십이형극림(十二荊棘林). 3계에 대한 미(迷)의 인과를 12로 나눈 것. ①무명(無明). 밝은 깨달음이 없음. ②행(行). 분별의식을 일으킴. ③식(識). 분별의식. ④명색(名色). 이름과 모습으로 나타난 물질. ⑤육처(六處). 안(眼)·이(耳)·비(鼻)·설(舌)·신(身)·의(意) 등 6가지 감각기관. ⑥촉(觸). 명색(名色)과 육처(六處)가 접촉함. ⑦수(受). 분별의식을 받아들임. ⑧애(愛). 분별의식을 좋아함. ⑨취(取). 분별의식에 집착함. ⑩유(有). 의식 속에 분별된 대상이 있는 것으로 됨. ⑪생(生). 삶이 있음. ⑫노사(老死). 늙음과 죽음이 있음. 이처럼 연기를 해석할 적에 1찰나(刹那)에 12연기를 동시에 갖춘다는 학설과, 업설(業說)을 따라 삼세(三世)에 걸쳐 인과관계가 있다고 설명하는 2종이 있음. 뒤의 뜻을 따르면 양중인과(兩重因果)가 있음. 곧 식(識)으로 수(受)까지의 5를 현재의 5과(果)라 하고, 무명·행을 현재의 과보를 받게 한 과거의 2인(因)이라 함(過現一重因果). 다음에 애·취는 과거의 무명과 같은 혹(惑)이요, 유(有)는 과거의 행과 같은 업(業)이니, 이 현재는 3인(因)에 의하여 미래의 생·노사의 과(果)를 받는다 함(現未一重因果).
444) 선재동자(善財童子) : Sudhana. 『화엄경』「입법계품」에 나오는 구도자(求道者). 53선지식을 두루 찾아뵙고, 맨 나중에 보현보살(普賢菩薩)을 만나서 10대원(大願)을 듣고, 아미타불 국토에 왕생하여 입법계(入法界)의 지원(志願)을 채웠다

이 단지 십이인연 속에서 구한 것이다.

마지막에 미륵(彌勒)을 만나니 미륵이 도리어 손가락을 튕기자 다시 문수(文殊)를 만났는데, 문수는 곧 그대가 본래 타고난[445] 무명(無明)이다.

만약 마음과 마음이 달라서 밖에서 선지식을 구한다면, 한 생각이 일어나자마자 곧 사라지고 사라지지마자 곧 다시 일어날 것이다.

그러므로 그대들 비구들은 태어나기도 하고 늙기도 하고 병들기도 하고 죽기도 하면서 원인에 응하여 결과를 얻은 이래 다섯 무리가 생겨나고 사라지니, 다섯 무리란 곧 오온(五蘊)이다.

한 생각이 일어나지 않으면 십팔계(十八界)가 공(空)이고, 그렇다면 곧 깨달음의 꽃이 피고 열매가 맺히며, 그렇다면 마음이 곧 영지(靈智)이니 또한 영대(靈臺)[446]라고도 하는 것이다.

만약 머물러 집착함[447]이 있으면, 몸은 죽은 시체가 되니, 또한 죽은 시체를 지키는 귀신이라고도 하는 것이다."

問:"學人不會. 和尚如何指示?"師云:"我無一物. 從來不曾將一物與人. 你無始巳來, 祇爲被人指示, 覓契覓會, 此可不是弟子與師俱陷王難?

고 함. 선재의 구법에 의하여 『화엄경』 입법계의 순서가 정해졌다.
445) 본지(本地): 본분(本分). 본성(本性). 본심(本心).
446) 영대(靈臺): 마음. 심령(心靈). 본래 혼령이 깃들어 있는 곳이라는 뜻.
447) 주착(住着): ①머무는 곳. ②집착함. ③통제하고 구속함. ④그대로 머묾.

你但知一念不受, 卽是無受身, 一念不想, 卽是無想身, 決定不遷流造作, 卽是無行身, 莫思量卜度分別, 卽是無識身. 你如今纔別起一念, 卽入十二因緣, 無明緣行亦因亦果, 乃至老死亦因亦果. 故善財童子一百一十處求善知識, 祇向十二因緣中求. 最後見彌勒, 彌勒卻指見文殊, 文殊者卽汝本地無明. 若心心別異向外求善知識者, 一念纔生卽滅, 纔滅又生. 所以汝等比丘, 亦生亦老亦病亦死, 酬因答果已來, 卽五聚之生滅, 五聚者五陰也. 一念不起, 卽十八界空, 卽是便是菩提華果, 卽心便是靈智, 亦云靈臺. 若有所住着, 卽身爲死屍, 亦云守死屍鬼."

35. 불이법문

물었다.

"유마힐이 침묵하자 문수(文殊)가 찬탄하여 말하기를 '참으로 불이법문(不二法門)에 들어가셨군요.'[448]라고 하였는데, 어떻습니까?"

황벽이 말했다.

"불이법문은 곧 그대의 본래 마음이다.

말하는 것과 말하지 않는 것은 곧 일어나고 사라지는 것이다.

말을 하지 않을 때는 드러내 보이는 것도 없다.

그러므로 문수가 찬탄한 것이다."

물었다.

"유마힐이 말하지 않은 것은 목소리에 단멸(斷滅)이 있는 것이 아닙니까?"

황벽이 말했다.

"말이 곧 침묵이고 침묵이 곧 말이어서, 말과 침묵이 둘이 아니다.

그러므로 목소리의 참된 본성에도 단멸이 없고, 문수가 본래 들은 것에도 단멸이 없다고 한다.

그 까닭에 여래(如來)는 늘 말하면서도 말한 적이 없으니, 여래의 말이 곧 법이고 법이 곧 말이어서, 법과 말이 둘이 아니기 때문

---

448) 『유마경』「불이법문품」에 나오는 내용.

이다.

나아가 보신(報身)과 화신(化身), 보살(菩薩)과 성문(聲聞), 산하대지(山河大地), 물과 새와 숲이 일시에 법을 말한다.

그러므로 말해도 말하는 것이고 침묵해도 말하는 것이니, 하루종일 말하면서도 말한 적이 없는 것이다.

이미 여래와 같다면, 다만 침묵으로 근본을 삼는다."

問: "淨名黙然, 文殊讚歎云: '是眞入不二法門.' 如何?" 師云: "不二法門, 卽你本心也. 說與不說, 卽有起滅. 無言說時, 無所顯示. 故文殊讚歎." 云: "淨名不說, 聲有斷滅否?" 師云: "語卽黙, 黙卽語, 語黙不二. 故云聲之實性亦無斷滅, 文殊本聞亦無斷滅. 所以如來常說, 未曾有不說時, 如來說卽是法, 法卽是說, 法說不二故. 乃至報化二身, 菩薩聲聞, 山河大地, 水鳥樹林, 一時說法. 所以語亦說, 黙亦說, 終日說而未嘗說. 旣若如來, 但以黙爲本."

36. 깨달음 속에 숨다

물었다.

"성문(聲聞)인 사람은 삼계(三界)에 형체(形體)를 숨길 줄은 알지만 깨달음에 숨을 수는 없다고 하니 무슨 뜻인가요?"

황벽이 말했다.

"형체란 곧 물질(物質)이다.

성문인 사람은 다만 삼계의 견혹(見惑)[449]과 수혹(修惑)[450]을 끊을 수 있을 뿐이니, 이미 번뇌에서는 벗어났으나 깨달음에 숨을 수는 없다.

그러므로 도리어 마왕(魔王)에 의하여 깨달음 속에 사로잡히고, 숲 속에서 편안히 앉아 있으니 도리어 깨달음의 마음을 희미하게

---

449) 견혹(見惑) : ↔수혹(修惑). 견번뇌(見煩惱)·견장(見障)이라고도 함. 견도위(見道位)에서 4제(諦)의 이치를 볼 때 끊는 번뇌, 곧 진리가 밝혀지지 않은 미(迷). 그 자체에 신견(身見)·변견(邊見)·사견(邪見)·견취견(見取見)·계금취견(戒禁取見)·탐(貪)·진(瞋)·치(癡)·만(慢)·의(疑) 등 10종이 있음. 그러나 3계(界)에서 각기 4제(諦)를 관찰하여 끊는 번뇌는 각제(各諦)에서 제각기 다르므로 모두 88사(使)의 견혹이 된다. 욕계에는 고제(苦諦) 아래 10사(使), 집제(集諦)·멸제(滅諦) 아래 각 7사(使), 도제(道諦) 아래 8사, 도합 32사가 있고, 색계·무색계에는 각기 욕계의 32사에서 4사를 제하고 28사, 도합 56사가 있으므로 앞에 32사와 합하여 88사가 된다.

450) 수혹(修惑) : =사혹(思惑). 낱낱 사물의 진상을 알지 못하므로 일어나는 번뇌. 정(情)·의(意)에 관한 것이어서, 이를 끊기는 쉽지 않고, 오랜 시간에 걸쳐 이를 알고 끊는 것.

보게 된다.

보살인 사람은 이미 삼계와 깨달음을 결코 취하지도 않고 버리지도 않는다.

취하지 않기 때문에 칠대(七大)[451] 속에서도 그를 찾을 수 없고, 버리지 않기 때문에 바깥의 마귀(魔鬼)[452]도 그를 찾을 수 없다.

그대들이 하나의 법을 가지기만 해도 벌써 흔적[453]이 이루어진다.

흔적이 있음으로 가면 육도사생(六道四生)[454]의 모습이 나타나

---

451) 칠대(七大) : 색(色)·심(心) 등 모든 법의 체성(體性)을 7종으로 나눈 것. 지대(地大)·수대(水大)·화대(火大)·풍대(風大)·공대(空大)·견대(見大)·식대(識大).

452) 외마(外魔) : 밖으로부터 와서 수도(修道)를 방해하는 마귀. 사마(四魔) 중의 천마(天魔), 즉 수행을 방해하는 욕계(欲界) 제육천(第六天)의 타화자재천왕(他化自在天王)을 가리킴. 타화자재천(他化自在天)은 남이 나타내는 즐거운 일을 자유롭게 자기의 즐거움으로 삼는 까닭에 타화자재천이라 함. 이 하늘의 남녀는 서로 마주 보는 것만으로 음행이 만족하고, 아들을 낳으려는 생각을 일으키기만 해도 아들이 무릎 위에 나타난다고 함.

453) 인자(印子) : 흔적. 자취.

454) 육도사생(六道四生) : 육도(六道)는 중생의 업인(業因)에 따라 윤회하는 길을 6으로 나눈 것으로 지옥도(地獄道)·아귀도(餓鬼道)·축생도(畜生道)·아수라도(阿修羅道)·인간도(人間道)·천상도(天上道). 사생(四生)은 육도(六道)에 살고 있는 모든 중생을 가리키는데, 태어나는 방식에 따라 넷으로 나뉘므로 사생이라 한다. 모태에서 태어나는 태생(胎生), 알에서 태어나는 난생(卵生), 습기 가운데서 태어나는 습생(濕生), 과거의 자신의 업(業)에 의해 태어나는 존재인 화생(化生)이 그것이다. 인간과 짐승은 태생이고, 천인(天人)과 지옥(地獄)의 중생은 화생이다.

고, 흔적이 공(空)으로 가면 나타나는 모습이 없다.

지금 다만 어떤 물건의 흔적도 결코 남겨 두지 않을 줄만 알면 이 흔적은 허공과 같지도 않고 다르지도 않을 것이니, 공은 본래 공이 아니고 흔적은 본래 있는 것이 아니기 때문이다.

온 우주의 허공세계에 온갖 부처님이 나타나더라도 마치 번갯불처럼 헛된 것으로 보고, 온갖 중생[455]들을 마치 메아리처럼 허망한 것으로 보고, 온 우주의 헤아릴 수 없이 많은 불국토를 마치 바다 속의 물 한 방울과 같다고 보고, 온갖 깊고도 깊은 법을 듣더라도 마치 환상이나 꿈과 같다고 여긴다.

마음과 마음이 다르지 않고, 법과 법이 다르지 않으며, 나아가 천 권의 경전과 만 권의 논서(論書)가 다만 그대의 한 개 마음이다.

만약 어떤 모습도 취하지 않을 수 있다면, 옛 사람이 말하기를 이와 같이 한 개 마음속에서 방편(方便)으로 열심히 장식한다고 한 것이다."

問: "聲聞人藏形於三界, 不能藏於菩提者, 如何?" 師云: "形者質也. 聲聞人但能斷三界見修, 已離煩惱, 不能藏於菩提. 故還被魔王於菩提中捉得, 於林中宴坐, 還成微細見菩提心也. 菩薩人已於三界菩提決定不捨不取. 不取故, 七大中覓他不得, 不捨故, 外魔亦覓他不得. 汝但擬着一法, 印子早成

---

455) 준동함령(蠢動含靈): 꿈틀거리고 움직이며 영혼을 가진 것들. 모든 생물. 중생(衆生).

也. 印着有, 卽六道四生文出, 印着空, 卽無相文現. 如今但知決定不印一切物, 此印爲虛空不一不二, 空本不空, 印本不有. 十方虛空世界諸佛出世, 如見電光一般, 觀一切蠢動含靈, 如響一般, 見十方微塵國土, 恰似海中一滴水相似, 聞一切甚深法, 如幻如化. 心心不異, 法法不異, 乃至千經萬論, 祇爲你之一心. 若能不取一切相, 故言如是一心中, 方便勤莊嚴."

37. 인욕선인

물었다.

"나는 옛날 가리왕(歌利王)에게 신체가 절단되었다[456]고 하신 것

---

456) 가리왕(歌利王)은 석가세존이 과거세에 인욕선인(忍辱仙人)이 되어 수도할 때, 석존의 팔다리를 끊었다고 하는 극악무도한 임금.『대지도론』제14권에 이런 내용이 있다 : 옛날 인욕선인이 숲속에서 인욕을 닦고 자비를 행하고 있었다. 당시 가리왕은 성질이 교만하고 포악하였다. 한 궁녀가 선인의 모습에 감복해 왕을 떠나 선인에게로 갔는데, 선인을 그녀에게 법을 말해 주었다. 왕은 이것을 보고서 질투하는 마음을 일으켜 선인에게 물었다. "그대는 무엇을 하고 있는가?" "나는 인욕행을 닦고 자비행을 하고 있습니다." 왕은 그 말이 사실인지 시험해 보려고 인욕선인의 귀를 잘랐다. 그러나 인욕선인은 얼굴색이 조금도 변하지 않았다. 신하들이 왕을 말렸지만, 왕은 다시 인욕선인의 코를 베고 손을 잘랐다. 그러나 인욕선인은 역시 조금도 얼굴색을 바꾸지 않고서, 신통을 부려 자신의 몸에서 흐르는 피를 우유로 바꾸었다. 왕은 이에 크게 놀라서 신하들을 데리고 왕궁으로 돌아갔다.『금강경』제14이상적멸분(離相寂滅分)에는 이 이야기가 다음과 같이 나와 있다. "수보리야, 인욕바라밀(忍辱波羅蜜)을 여래께서는 인욕바라밀이 아니라고 말씀하셨다. 무슨 까닭인가? 수보리야, 내가 옛날 가리왕(歌利王)에게 신체를 절단당했는데, 나는 그때 '나'라는 생각도 없었고, '사람'이라는 생각도 없었고, '중생'이라는 생각도 없었고, '목숨'이라는 생각도 없었다. 무슨 까닭인가? 옛날 내 신체가 마디마디로 잘릴 때, 만약 나에게 '나'라는 생각·'사람'이라는 생각·'중생'이라는 생각·'목숨'이라는 생각이 있었다면 분명히 분노하고 원망했을 것이다. 수보리야, 또 생각해 보니, 과거 오백세(五百世)에 인욕선인(忍辱仙人)이었을 때도 '나'라는 생각이 없었고, '사람'이라는 생각이 없었고, '중생'이라는 생각이 없었고, '목숨'이라는 생각이 없었다."(須菩提, 忍辱波羅蜜如來說非忍辱波羅蜜. 何以故? 須菩提, 如我昔爲歌利王割截身體, 我於爾時無我相無人相無衆生相無壽者相. 何以故? 我於往昔節節支解時, 若有我相人相衆生相壽者相, 應生瞋恨. 須菩提, 又念過去於五百世作忍辱仙人, 於爾所世無我相無人相無衆生相無壽者相.)

은 어찌 된 것입니까?"

황벽이 말했다.

"선인(仙人)이란 곧 그대들의 마음이고, 가리왕이란 구하기 좋아하는 것이다.

가리왕이 왕위(王位)를 지키고 있지 않은 것을 일러 이익을 탐낸다고 한다.

지금 배우는 사람들이 공덕(功德)을 쌓지 않고, 보이는 것마다 곧장 배우려고만 하니 가리왕과 무엇이 다르겠는가?

예컨대, 색깔을 볼 때는 선인의 눈을 망가뜨리고, 소리를 들을 때는 선인의 귀를 망가뜨리고, 나아가 느끼고 알 때도 역시 마찬가지로 의식을 망가뜨리니, 일러 사지(四肢)를 마디마디 찢는다[457]고 한다."

물었다.

"그런데[458] 선인이 욕됨을 참을 때 다시 사지가 마디마디 찢겨지는 일이 있어서는 안 되니,[459] 하나의 마음이 참기도 하고 참지 않기도 할 수는 결코 없기 때문입니다."[460]

---

457) 지해(支解) : 팔다리를 찢어 죽이는 형벌.
458) 지여(秖如) : =지우(至于), 약부(若夫), 지여(只如). ①-에 대하여는. -과 같은 것은. ②예컨대. ③그런데.
459) 불합(不合) : -해서는 안 된다. =불의(不宜).
460) 불가(不可) : ①-가 아니다. 결코 -가 아니다. ②-할 수 없다. -해서는 안 된다.

황벽이 말했다.

"그대가 무생(無生)이라는 견해, 인욕(忍辱)이라는 견해, 무구(無求)라는 견해를 내니, 모두가 상하게 된다."[461]

물었다.

"선인의 몸이 절단될 때 고통을 알았습니까?"

다시 물었다.

"이 속에서 받는 자가 없다면, 누가 고통을 받습니까?"

황벽이 말했다.

"그대는 이미 괴로워하지 않는데, 나서서[462] 다시 무엇을 찾는가?"

問: "如我昔爲歌利王割截身體, 如何?" 師云: "仙人者卽是你心, 歌利王好求也. 不守王位, 謂之貪利. 如今學人, 不積功累德, 見者便擬學, 與歌利王何別? 如見色時, 壞卻仙人眼, 聞聲時, 壞卻仙人耳, 乃至覺知時, 亦復如是, 喚作節節支解." 云: "祇如仙人忍時, 不合更有節節支解, 不可一心忍, 一心不忍也." 師云: "你作無生見, 忍辱解, 無求解, 總是傷損." 云: "仙人被割時, 還知痛否?" 又云: "此中無受者, 是誰受痛?" 師云: "你旣不痛, 出頭來覓箇甚麼?"

---

461) 상손(傷損) : 상하게 하다. 파손시키다. 손상(損傷)시키다.
462) 출두래(出頭來) : 얼굴을 내밀다. 나서다.

38. 연등불의 수기

물었다.

"연등불(然燈佛)의 수기(授記)[463]는 오백세(五百世)[464] 속에 있습니까? 오백세 밖에 있습니까?"

황벽이 말했다.

"오백세 속에서는 수기를 얻을 수 없다.

이른바 수기라고 하는 것은 그대의 근본으로서 결코 잊을 수 없는 것이다.

유위(有爲)를 버리지도 않고 깨달음을 취하지도 않고 다만 세월

---

463) 연등불(然燈佛)의 수기(授記) : 산스크리트로는 Dīpaṇkara-buddha이고, 정광불(錠光佛)・정광불(定光佛)・보광불(普光佛)・등광불(燈光佛) 등으로도 번역한다. 각주 122) 참조.
464) 오백세(五百世) : 오오백세(五五百歲) 가운데 후오백세(後五百歲)를 가리킴. 오오백세(五五百歲)란 불멸 후 불교의 성쇠(盛衰) 상태를 5백 년을 한 시기로 하여 5시기를 구획한 것. ①제일오백세(第一五百歲). 지혜가 있어 해탈의 과(果)를 증득한 사람이 많아 불법이 계속되는 때이므로 해탈견고(解脫堅固)의 시기. ②제이오백세(第二五百歲). 선정(禪定)을 닦는 사람이 많아 불법이 계속되는 때이므로 선정견고(禪定堅固)의 시기. ③제삼오백세(第三五百歲). 불경(佛經)을 많이 배워 독송・학습하는 이가 많은 때이므로 다문견고(多聞堅固)의 시기. ④제사오백세(第四五百歲). 절이나 탑을 세우는 이가 많은 때이므로 탑사견고(塔寺堅固)의 시기. ⑤제오오백세(第五五百歲). 점점 불법이 쇠미하여 옳다, 그르다, 낫다, 못하다 하는 논쟁이 많은 때이므로 투쟁견고(鬪諍堅固)의 시기. 이 시기를 후오백세(後五百歲)라고도 한다.

이 세월이 아님을 깨달을 뿐, 오백세를 벗어나 따로 수기를 얻는 것도 아니고 오백세 속에서 수기를 얻는 것도 아니다."

물었다.

"과거 · 현재 · 미래가 있을 수 없음을 깨닫는 것입니까?"

황벽이 말했다.

"얻을 수 있는 한 법도 없다."

물었다.

"그렇다면 무슨 까닭에 오백세를 신속히 지나 앞뒤로 끝까지 가는 시간이 매우 길다고 합니까?"

황벽이 말했다.

"오백세는 길고도 멀다. 그러므로 오히려[465] 선인은 이 까닭에 연등불이 수기할 때 얻을 만한 조그마한 법도 전혀 없었음을 알아야 한다."

問: "然燈佛授記, 爲在五百歲中? 五百歲外?" 師云: "五百歲中不得授記. 所言授記者, 你本決定不忘. 不失有爲, 不取菩提, 但以了世非世, 亦不出五百歲外別得授記, 亦不於五百歲中得授記." 云: "了世三際相不可得已否?" 師云: "無一法可得." 云: "何故言頻經五百世, 前後極時長?" 師云: "五百世長遠. 當知猶是仙人, 故然燈授記時, 實無少法可得."

---

465) 유시(猶是) : 여전히 – 이다. 오히려 –이다.

39. 불료의교

물었다.

"경전에서 말하기를 '억만 겁 동안 나를 얽어맨 뒤집어진 망상(妄想)을 녹여서, 많은 세월을 거치지 않고 법신(法身)을 보호하십니다.'[466]라는 것은 어떤 것입니까?"

황벽이 말했다.

"만약 삼아승기겁(三阿僧祇劫)[467]을 수행함으로써 얻는 깨달음이 있다고 한다면, 무수한 세월을 거치더라도 그런 깨달음은 얻을 수 없다.

만약 한 순간에 법신을 보호할 수 있어서 곧장 깨달아 본성을 본다고 하더라도, 오히려 삼승(三乘)의 가르침 가운데 지극한 말씀일 뿐이다.

무슨 까닭인가?

보호할 만한 법신을 보기 때문에 모두가 불료의교(不了義敎)[468]

---

466) 『수능엄경』 제3권에 나오는 게송의 한 구절.
467) 삼아승기겁(三阿僧祇劫) : 보살이 불위(佛位)에 이르기까지 수행하는 햇수(年數). 또는 삼기(三祇)라고도 함. 10주·10행·10회향의 3위(位)를 수행하여 마치는 데 1아승기겁을 지내며, 그 동안에 7만 5천 부처님께 공양. 10지 중의 초지로부터 제7지에 이르기까지 수행을 마치는 데 제2 아승기겁을 지내며, 7만 6천 부처님께 공양. 제8지로 제10지의 수행을 마치는 데 제3 아승기겁을 지내며, 7만 7천 부처님께 공양한다 함.
468) 불료의교(不了義敎) : 요(了)는 '끝까지'란 뜻. 불법의 이치를 다 말한 것이 요의

속에 포함되는 것이다."

問:"敎中云:'銷我億劫顚倒想, 不歷僧祇獲法身'者, 如何?"師云:"若以三無數劫修行, 有所證得者, 盡恒沙劫不得. 若於一刹那中獲得法身, 直了見性者, 猶是三乘敎之極談也. 何以故? 以見法身可獲故, 皆屬不了義敎中收."

(了義)이고, 끝까지 다 말하지 못하고 모자라는 것이 불료의(不了義). 요(了)·불료(不了)의 해석에 대하여는 그 경에 말한 이치가 진실하냐 아니냐에 대하여, 또 교리를 표시한 말이 완비하냐 아니냐에 대하여 판단한다. 의(義)는 의리(義理) 즉 도리(道理). 대승(大乘)에서 보면 궁극적 진리를 분명하게 말한 요의경(了義經)은 대승경전이고, 소승의 경전은 다 불료의경(不了義經)이다. 또 대승경전과 소승경전 각각에서도 그 가운데 요의와 불료의를 나눈다.

40. 조사의 마음

물었다.

"법을 알고서 문득 깨달으면 조사(祖師)의 뜻도 알게 됩니까?"

황벽이 말했다.

"조사의 마음은 허공 밖으로 벗어나 있다."

물었다.

"한계(限界)⁴⁶⁹⁾가 있습니까?"

황벽이 말했다.

"한계가 있느니 없느니 하는 이러한 것은 모두 헤아려 대응하는 ⁴⁷⁰⁾ 것이다.

조사가 말했다.

'한계가 있는 것도 아니고, 한계가 없는 것도 아니고, 한계가 있는 것이 아닌 것도 아니고, 한계가 없는 것이 아닌 것도 아니니, 상대를 끊었기 때문이다.'⁴⁷¹⁾

그대들 오늘날 배우는 자들은 아직 삼승(三乘)의 가르침 밖으로 벗어날 줄도 모르는데, 어찌 선사(禪師)라고 부르겠느냐?

분명히 그대들에게 말한다.

---

469) 한제(限劑) : 한량(限量). 한계(限界).
470) 대대(對待) : ①상대적인 상황에 처하다. 상대적이다. ②대우하다. 접대하다. ③다루다. 대응하다. 대처하다.
471) 어디에 나오는 누구의 말인지 알 수 없다.

첫째로[472] 선을 배우려면, 잠깐이라도[473] 다른 견해[474]를 헛되이 내지 마라.

마치 사람이 물을 마셔서 그 따스하고 차가움을 스스로 아는 것과 같다.

한 번 가고 한 번 머무는 한 찰라 사이에 순간순간 다르지 않다.

만약 이와 같지 않다면, 윤회에서 벗어나지 못한다."

問：〝見法頓了者, 見祖師意否？〞師云：〝祖師心出虛空外.〞云：〝有限劑否？〞師云：〝有無限劑, 此皆數量對待之法. 祖師云：'且非有限量, 非無限量, 非非有無限量, 以絶待故.' 你如今學者, 未能出得三乘敎外, 爭喚作禪師？ 分明向汝道. 一等學禪, 莫取次妄生異見. 如人飮水, 冷煖自知. 一行一住一刹那間, 念念不異. 若不如是, 不免輪回.〞

---

472) 일등(一等)：①일종의. 한 부류의. ②같은 모습의. 같이. 함께. ③무엇보다 먼저. 첫째로.
473) 취차(取次)：①순차적으로. 순서대로. 차례차례. ②창졸간. 별안간. ③뜻대로. ④대강대강. 적당히. ⑤차례. 단계. ⑥점차. 차차. ⑦잠깐. ⑧이러지도 저러지도 못함. 입장이 곤란함.
474) 이견(異見)：망상에 의하여 생겨나는 삿된 견해.

41. 부처의 사리

물었다.

"부처님의 몸은 무위(無爲)이니 온갖 숫자 속으로 떨어지지 않는데, 무슨 까닭에 부처님의 몸에서 나온 사리(舍利)[475]가 여덟 섬 너 말이나 되었습니까?"

황벽이 말했다.

"그대가 이와 같은 견해를 낸다면 다만 가짜 사리만 볼 뿐, 진짜 사리는 보지 못한다."

물었다.

"사리는 본래 있는 것입니까? 다시 쌓은 공훈(功勳)입니까?"

황벽이 말했다.

"본래 있는 것도 아니고, 공훈도 아니다."

물었다.

"만약 본래 있는 것도 아니고 또한 공훈도 아니라면, 무슨 까닭에 여래의 사리라는 잘 정제(精製)되고 다듬어진 부처님의 뼈[476]가 늘 남아 있습니까?"

황벽이 이에 목소리를 높여 꾸짖으며 말했다.

"그대가 이러한 견해를 내는데, 어찌 선(禪)을 배우는 사람이라

---

475) 사리(舍利) : 범어(梵語) śarīra의 음역(音譯). 신체(身體) 혹은 유골(遺骨)이란 뜻.
476) 금골(金骨) : 부처의 사리(舍利). 부처의 해골(骸骨).

고 하겠는가? 그대는 허공에 뼈가 있는 것을 본 적이 있는가? 모든 부처의 마음은 큰 허공과 같은데, 무슨 뼈를 찾느냐?"

물었다.

"지금 사리를 보고 있는데, 이것은 무슨 법입니까?"

황벽이 말했다.

"그대의 망상하는 마음 때문에 사리를 보는 일이 있는 것이다."

물었다.

"스님에게도 사리가 있습니까? 있다면 꺼내 보십시오."

황벽이 말했다.

"참 사리는 보기 어렵다. 그대가 열 손가락으로 수미산[477]을 움켜잡아 부수어 먼지로 만들기만 하면, 참 사리를 볼 것이다. 무릇 선(禪)에 참여하고 도(道)를 배우는 이라면 모름지기 어디에서든 마음을 내지 않을 수 있어야 한다. 분별심을 잊기만[478] 하면 불도(佛道)가 융성할 것이고, 분별한다면 마군(魔軍)[479]이 융성할 것이

---

477) 묘고산(妙高山) : 수미산(須彌山)을 번역한 이름.
478) 망기(忘機) : 망기(亡機)라고도 함. 식기(息機)와 같음. 기(機)는 잔꾀나 지혜를 써서 무슨 일을 이익되게 하려는 마음으로서 분별심과 같음. 망기는 이해타산을 떠난 담박하고 수수한 마음, 분별심을 벗어난 마음을 가리킴.
479) 마군(魔軍) : 악마들의 군병. 석존이 성도(成道)할 때 제6천(天)의 마왕이 그의 권속들을 거느리고 와서 성도를 방해함에 신통력으로 이들을 모두 항복받았다고 한다. 이들은 모두 깨달음에 방해가 되는 분별망상의 습들을 가리키는 것이다.

다. 결국 얻을 법은 털끝만큼도 없다."

問: "佛身無爲, 不墮諸數, 何故佛身舍利八斛四斗?" 師云: "你作如是見, 祇見假舍利, 不見眞舍利." 云: "舍利, 爲是本有? 爲復功勳?" 師云: "非是本有, 亦非功勳." 云: "若非本有, 又非功勳, 何故如來舍利, 唯鍊唯精, 金骨常存?" 師乃呵云: "你作如此見解, 爭喚作學禪人? 你見虛空曾有骨否? 諸佛心同太虛, 覓什麼骨?" 云: "如今見有舍利, 此是何法?" 師云: "此從你妄想心生, 卽見舍利." 云: "和尙還有舍利否? 請將出來看." 將云:[473] "眞舍利難見. 你但以十指撮盡妙高峰爲微塵, 卽見眞舍利. 夫參禪學道, 須得一切處不生心. 祇論忘機卽佛道隆, 分別卽魔軍盛. 畢竟無毛頭許少法可得."

---

480) '將云'은 '師云'의 오기(誤記).

42. 전해 줄 법은 없다

물었다.

"조사께서 전하신 법은 어떤 사람에게 부촉(付囑)합니까?"

황벽이 말했다.

"사람에게 줄 법은 없다."

물었다.

"어찌하여 이조(二祖)는 달마에게 마음을 편안하게 해 달라고 요구하였습니까?"[481]

황벽이 말했다.

"그대가 만약 법이 있다고 말한다면, 이조는 마음을 찾았어야 할 것이다. 마음을 찾을 수 없기 때문에, 그대의 마음을 편안하게 해 주었다고 말한 것이다. 만약 얻을 것이 있다면, 모두 생멸(生滅)로 귀결된다."

問: "祖傳法付與何人?" 師云: "無法與人." 云: "云何二祖請師安心?"

---

[481] 『경덕전등록』 제3권 '제이십팔조보리달마(第二十八祖菩提達磨)'에 다음의 내용이 있다 : 신광(神光)이 말했다. "저의 마음이 편안하지 못합니다. 스님께서 편안하게 해 주십시오." 달마가 말했다. "마음을 가져오너라. 그대를 편안하게 해 주겠다." 신광이 말했다. "마음을 찾았으나, 찾을 수 없습니다." 달마가 말했다. "내가 그대의 마음을 편안하게 해 주었다."(光曰: "我心未寧. 乞師與安." 師曰: "將心來. 與汝安." 曰: "覓心了不可得." 師曰: "我與汝安心竟.")

師云:"你若道有, 二祖卽合覓得心. 覓心不可得故, 所以道與你安心竟. 若有所得, 全歸生滅."

43. 무명(無明)

물었다.

"부처님은 무명(無明)을 끝장내었습니까?"

황벽이 말했다.

"무명은 곧 모든 부처님이 깨달음을 얻은 곳이다.

그러므로 인연하여 일어나는 것이 도가 있는 도량(道場)이니, 하나의 티끌과 하나의 색(色)을 보는 것이 곧 가없는 본성(本性)에 합하고, 발을 들고 발을 놓는 것이 도량을 벗어나지 않는다.

도량이란 얻을 것이 없는 것이니, 나는 그대들에게 말한다.

다만 얻을 것이 없는 것을 일러 도량에 앉는다고 한다."

물었다.

"무명(無明)이란 밝음입니까? 어둠입니까?"

황벽이 말했다.

"밝음도 아니고 어둠도 아니다. 밝음과 어둠이란 서로 교대하는 법이다.

무명은 결코 밝게 하는 것도 아니고 또 어둡게 하는 것도 아니다.

밝게 하지 않는다는 것은 다만 본래 밝기 때문이다.

밝게 하지도 않고 어둡게 하지도 않는다는 이 한 마디 말은 천하의 모든 사람의 눈을 어지럽게 만들어 버린다.

그러므로 말했다.

'설사 세간을 가득 채운다고 하여도 모두가 마치 사리불이 아무

리 생각하고 헤아려도 부처님의 지혜를 알 수 없는 것과 같다.'482)

그 걸림 없는 지혜는 허공을 넘어서니 그대가 말로써 논의할 곳이 없다.

석가모니의 크기는 삼천대천세계와 같은데, 문득 한 보살이 나와서 한 번 넘어가면 삼천대천세계를 다 넘어가 버리지만 보현보살(普賢菩薩)의 한 개 털구멍을 벗어나지는 않는다.

그대는 지금 무슨 수완483)을 가지고 그것을 배우려고 하느냐?"

問: "佛窮得無明否?" 師云: "無明卽是一切諸佛得道之處. 所以緣起是道場, 所見一塵一色, 便合無邊理性. 舉足下足不離道場. 道場者無所得也, 我向你道. 祇無所得名爲坐道場." 云: "無明者爲明爲暗?" 師云: "非明非暗. 明暗是代謝之法. 無明且不明, 亦不暗. 不明祇是本明. 不明不暗, 祇這一句子, 亂卻天下人眼. 所以道: '假使滿世間, 皆如舍利弗, 盡思共度量, 不能測佛智.' 其無礙慧, 出過虛空, 無你語論處. 釋迦量等三千大千世界, 忽有一菩薩出來一跨, 跨卻三千大千世界, 不出普賢一毛孔. 你如今把什麽本領擬學他?"

---

482) 『묘법연화경(妙法蓮華經)』 「방편품(方便品) 제2」에 나오는 게송의 한 구절.
483) 본령(本領): 본성(本性). 본령(本領). 재능. 역량. 수완. 솜씨.

44. 무명의 참 본성

물었다.

"이미 배울 수 없다면, 무엇 때문에 근원으로 돌아가면 본성에는 둘이 없다고 합니까? 또 방편에는 많은 문이 있다고 하는 것은 어떻습니까?"

황벽이 말했다.

"근원으로 돌아가면 본성에는 둘이 없다는 것은 무명(無明)의 참 본성이 곧 모든 불성(佛性)이라는 말이다.

방편에 많은 문이 있다는 것은, 성문(聲聞)인 사람은 무명이 생겨남을 보고 무명이 사라짐을 보며, 연각(緣覺)인 사람은 단지 무명이 사라짐을 볼 뿐 무명이 생겨남을 보지는 않으니 순간순간 적멸(寂滅)을 증험(證驗)하며, 모든 부처는 중생이 하루 종일 생겨나면서도 생겨남이 없고 하루 종일 사라지면서도 사라짐이 없음을 보니 생겨남도 없고 사라짐도 없음이 곧 대승(大乘)의 열매이다.

그러므로 말한다.

'열매가 가득하니 깨달음이 두루하고, 꽃이 피니 세계가 나타난다.'[484]

---

484) 『경덕전등록』 제2권 '제이십칠조반야다라(第二十七祖般若多羅)'에 나오는 전법게(傳法偈)의 뒤 두 구절. 전체 게송은 다음과 같다 : 마음땅에서 온갖 싹이 나오니, /현상으로 말미암아 다시 이치가 나온다. /열매가 가득하니 깨달음이 두루하고, /꽃이 피니 세계가 나타난다.(心地生諸種, 因事復生理. 果滿菩提圓, 華

발을 들면 부처이고, 발을 내려놓으면 중생이다.

모든 부처가 양족존(兩足尊)[485]이라는 것은 이치도 완전히 갖추었고, 현상도 완전히 갖추었고, 중생(衆生)도 완전히 갖추었고, 생사(生死)도 완전히 갖추었고, 일체가 평등함도 완전히 갖추었다는 말이다.

완전히 갖추었기 때문에 구하지 않는다.

그대가 지금 순간순간 부처를 배운다면, 중생을 싫어할 것이다.

만약 중생을 싫어한다면, 저 온 우주의 모든 부처님을 비방하는 것이다.

그러므로 부처님이 세상에 나오셔서 똥통을 집어 내버리신 것은 희론(戲論)[486]의 똥을 치우신 것이다.

다만 그대가 지금까지 배운 마음과 본 마음을 없애 버리도록 할 뿐이다.

없애 버리고 나면 희론에 떨어지지 않으니 또 똥을 내간다고 한다.

다만 그대가 마음을 내지 않도록 할 뿐이니, 마음이 생겨나지

開世界起.)

485) 양족존(兩足尊) : 인간 가운데서 가장 존귀하고 가장 위에 있는 자. 부처를 말한다. 또 양족(兩足)이라는 것은 밝은 깨달음과 세간에서 실행함의 양자(兩者)를 구족(具足)한 자를 말하는 것으로 명행구족(明行具足)의 불세존(佛世尊)을 말한다.

486) 희론(戲論) : 희롱(戲弄)의 담론(談論). 부질없이 희롱하는 아무 뜻도 이익도 없는 말. 각주 280) 참조.

앉으면 저절로 큰 지혜가 이루어진다.

결코 부처와 중생을 분별하지 마라.

모든 것을 전혀 분별하지 않아야 비로소 우리 조계(曹溪) 문하에 들어올 수 있다.

그러므로 예부터 성인들은 말씀하셨다.

'행함이 적은 것이 나의 법문이다.'[487]

그러므로 행함이 없음이 나의 법문이니, 다만 이 한 개 마음의 문이다.

모든 사람이 여기에 이르면 모두들 감히 들어오지 못한다.

그러나 전혀 없다는 말은 아니다.

단지 몇몇 사람은 들어오니, 들어오는 사람은 곧 부처다.

그만 물러가라."[488]

云:"旣是學不得, 爲什麽道歸源性無二? 方便有多門, 如之何?"師云: "歸源性無二者, 無明實性, 卽諸佛性. 方便有多門者, 聲聞人見無明生, 見無明滅, 緣覺人但見無明滅, 不見無明生, 念念證寂滅, 諸佛見衆生終日生而無生, 終日滅而無滅, 無生無滅, 卽大乘果. 所以道. '果滿菩提圓, 華開世界起.' 擧足卽佛, 下足卽衆生. 諸佛兩足尊者, 卽理足, 事足, 衆生足, 生

---

487) 출전을 알 수 없다.
488) 진중(珍重) : 헤어질 때의 인사말. "안녕히 (계셔요, 가세요)!" 진중(珍重)의 본래 뜻은 큰 일을 위하여 자신을 소중히 여기라는 것.

死足, 一切等足. 足故不求. 是你如今念念學佛, 卽嫌着衆生. 若嫌着衆生, 卽是謗他十方諸佛. 所以佛出世來, 執除糞器, 蠲除戲論之糞. 祇敎你除卻從來學心見心. 除得盡, 卽不墮戲論, 亦云搬糞出. 祇敎你不生心, 心若不生, 自然成大智者. 決定不分別佛與衆生. 一切盡不分別, 始得入我曹溪門下. 故自古先聖云: '少行我法門.' 所以無行爲我法門, 祇是一心門. 一切人到這裡盡不敢入. 不道全無. 祇是少人得, 得者卽是佛. 珍重."

45. 계급에 떨어지지 않음

물었다.

"어떻게 해야 계급(階級)에 떨어지지 않습니까?"

황벽이 말했다.

"하루 종일 밥을 먹지만 한 알의 밥알도 씹은 적이 없고, 하루 종일 오가지만 한 뼘의 땅도 밟은 적이 없다.

이와 같은 때는 나와 남이라는 등의 개념이 없다.

하루 종일 온갖 일에서 떠나지 않으면서도 어떤 경계에도 속아서 얽매이지 않는다면, 비로소 자재(自在)한 사람이라고 하니, 순간순간 어떤 모습도 보지 않는다.

과거 · 현재 · 미래를 분별하지 마라.

과거는 지나가지 않고, 현재는 머물지 않고, 미래는 오지 않는다.

마음 놓고 태연히[489] 집 안에 앉아서[490] 되는 대로 따라가면서[491] 얽매이지 않으면, 비로소 해탈(解脫)이라고 일컫는다.

노력하고 노력하라.

---

489) 안연(安然) : 무사하다. 무고하다. 태연하다. 마음을 놓다.
490) 단좌(端坐) : =단거(端居). 밖으로 돌아다니지 않고 집 안에 머물다. 집 안에 편안히 앉아 있다.
491) 임운(任運) : 운(運)에 맡기다. 되는 대로 따라가다. 무공용(無功用), 무위(無爲). 자연스럽게.

이 문중(門中)의 천 사람 만 사람 가운데 단지 서너너덧만이 깨달음을 얻는다.

만약 일로 삼지 않는다면, 재앙을 받을 날이 올 것이다.[492]

그러므로 말한다.

'노력하여 이번 생에 반드시 끝내 버리면, 누가 남은 재앙을 영원토록 받는 일이 있으랴?'[493]"

황벽 선사는 당(唐) 대중(大中)[494] 연간에 본산(本山)에서 입적(入寂)하였다.[495] 선종(宣宗) 황제가 단제선사(斷際禪師)라는 시호(諡號)를 내렸고,[496] 탑호(塔號)는 광업(廣業)이다.

問: "如何得不落階級?" 師云: "終日契飯, 未曾咬着一粒米, 終日行, 未曾踏着一片地. 與麼時, 無人我等相. 終日不離一切事, 不被諸境惑, 方名自在人, 念念不見一切相. 莫認前後三際. 前際無去, 今際無住, 後際無來. 安然端坐, 任運不拘, 方名解脫. 努力努力. 此門中千人萬人, 祇得三箇五

---

492) 유일재(有日在): 언젠가는 그 날이 있을 것이다. 그 날이 올 것이다. =유일(有日).
493) 설봉의존(雪峰義存)의 법을 이은 현사사비(玄沙師備; 835–908)의 『복주현사종일대사광록(福州玄沙宗一大師廣錄)』 하권(下卷)에도 고덕(古德)의 말이라 하여 인용되어 있으나, 누구의 말인지는 알 수가 없다.
494) 대중(大中): 당(唐) 16대 황제 선종(宣宗)의 연호. 서기 847년에서 859년까지 13년간이다.
495) 황벽(黃檗)은 대중(大中) 4년인 850년에 입적하였다.
496) 선종(宣宗)과 황벽의 관계는 『완릉록』 제2부 '18. 사미를 때리다'를 참조하라.

箇. 若不將爲事, 受殃有日在. 故云: '着力今生須了卻, 誰能累劫受餘殃?'"
師於唐大中年中終於本山. 宣宗敕諡斷際禪師, 塔曰廣業.

황벽단제선사완릉록 제5권 (끝)

黃檗斷際禪師宛陵錄卷五【終】

황벽어록

초판 1쇄 발행일 2013년 8월 17일
개정판 1쇄 발행일 2016년 11월 15일
　　　3쇄 발행일 2025년 8월 20일

지은이 김태완

펴낸이 김윤
펴낸곳 침묵의 향기
출판등록 2000년 8월 30일, 제1-2836호
주소 10401 경기도 고양시 일산동구 무궁화로 8-28,
　　　삼성메르헨하우스 913호
전화 031) 905-9425
팩스 031) 629-5429
전자우편 chimmukbooks@naver.com
블로그 http://blog.naver.com/chimmukbooks

ISBN 978-89-89590-37-8　03220

* 책값은 뒤표지에 있습니다.